分析师实地调研与企业融资约束

▶▶▶▶▶ 袁克丽 著

ANALYSTS'
SITE VISIT AND
CORPORATE FINANCING
CONSTRAINTS

经济管理出版社
ECONOMY & MANAGEMENT PUBLISHING HOUSE

U0717393

图书在版编目（CIP）数据

分析师实地调研与企业融资约束 ／ 袁克丽著.

北京 ： 经济管理出版社，2024. -- ISBN 978-7-5096
-9959-1

　Ⅰ．F279.23

中国国家版本馆 CIP 数据核字第 2024VQ4823 号

组稿编辑：杨　炜
责任编辑：韩　峰
责任印制：张　艳
责任校对：陈　颖

出版发行：经济管理出版社
　　　　　（北京市海淀区北蜂窝 8 号中雅大厦 A 座 11 层　100038）
网　　址：www.E-mp.com.cn
电　　话：（010）51915602
印　　刷：北京市海淀区唐家岭福利印刷厂
经　　销：新华书店
开　　本：720mm×1000mm/16
印　　张：12.75
字　　数：229 千字
版　　次：2024 年 11 月第 1 版　　2024 年 11 月第 1 次印刷
书　　号：ISBN 978-7-5096-9959-1
定　　价：88.00 元

前言

习近平总书记在中国共产党第二十次全国代表大会上提出，要深化金融体制改革，健全资本市场功能，提高直接融资比重。作为资本市场重要的中介机构，证券公司为企业直接融资提供了便利的服务，发挥了市场组织者、流动性提供者和交易撮合者的作用。2013年深圳证券交易所出台了《信息披露业务备忘录第41号——投资者关系管理及其信息披露》，标志着中国资本市场信息披露监管进入新时代。接待投资者实地调研是企业投资者关系管理的一项重要活动，该活动使调研者能亲临现场获取上市公司经营动态，不仅降低了公司内外部的信息不对称程度，而且降低了投资者之间的信息不对称程度，有利于维护投资者的合法权益。

本书立足于中国的制度背景，以《信息披露业务备忘录第41号——投资者关系管理及其信息披露》的出台为契机，结合规范研究和实证研究，综合运用信息不对称理论、委托代理理论、有效市场理论和行为金融理论，基于信息效应、监督效应和信号传递效应研究分析师实地调研对企业融资约束、融资成本和规模的影响及其作用机理。笔者采用2013~2018年深圳证券交易所上市公司的数据，进行了如下三个方面的实证检验：

第一，检验分析师实地调研如何影响企业融资约束，并进一步检验分析师实地调研对不同类型的企业的融资约束的影响是否存在差异，以及不同类型的分析师实地调研对企业融资约束的影响是否存在差异。研究发现：首先，分析师实地调研次数与企业融资约束程度负相关；涉及融资主题的调研可以显著缓解企业融资约束，而涉及战略主题的调研对企业融资约束的影响并不显著。其次，对其影响机理的研究表明，分析师实地调研通过降低信息不对称程度、缓解委托代理问题、吸引投资者关注缓解了企业融资约束。采用2SLS和Heckman两阶段方法控制内生性影响后，该研究结论仍然成立。再次，考察分析师实地调研与不同产权性质企业融资约束的关系，发现分析师实地调研对非国有企业融资约束的缓解作用更显著；对不同特征/类型分析师实地调研与企业融资约束关系差异的考察发现，明星分析师和非关联分析师实地调研对企业融资约束的缓解作用更大。最后，进一步分析涉及战略主题的调研样本发现，战略主题调研次数的增加以及战略主题的调研信息语气的积极性，均有助于缓解企业融资约束。

第二，检验分析师实地调研如何影响企业融资成本，并进一步检验分析师实地调研对不同类型的企业的融资成本的影响是否存在差异，以及不同类型的分析师实地调研对企业融资成本的影响是否存在差异。权益融资成本方面的研究结论如下：首先，分析师实地调研次数的增加可以显著降低企业权益融资成本。对调研内容的分析发现，涉及融资主题的调研和涉及战略主题的调研均可以降低企业权益融资成本。采用 2SLS 和 Heckman 两阶段方法控制内生性影响后，前述结论依然成立。其次，考察不同情境下分析师实地调研与企业权益融资成本的关系发现，分析师实地调研对企业权益融资成本的影响在信息不对称程度较高、投资者关注度较高的企业更显著。最后，考察不同特征/类型分析师实地调研与企业权益融资成本的关系发现，明星分析师和非关联分析师实地调研对企业权益融资成本的影响较大。债务融资成本方面的研究结论如下：首先，分析师实地调研次数的增加可以显著降低企业债务融资成本。对调研内容的分析发现，涉及战略主题的调研可以降低企业债务融资成本，而涉及融资主题的调研信息积极性能显著降低企业债务融资成本。采用 2SLS 和 Heckman 两阶段方法控制内生性影响后，前述结论依然成立。其次，考察不同情境下分析师实地调研与企业债务融资成本的关系发现，分析师实地调研对企业债务融资成本的影响在信息不对称程度较高、代理成本较高的企业更显著。最后，考察不同特征/类型分析师实地调研与企业债务融资成本的关系发现，明星分析师和非关联分析师实地调研对企业债务融资成本的影响较大。上述结论表明，分析师实地调研与企业融资成本的负相关关系不仅受调研对象特征的影响，而且受分析师个人特征的影响。

第三，检验分析师实地调研如何影响企业融资规模，并进一步检验分析师实地调研对不同类型的企业的融资规模的影响是否存在差异，以及不同类型的分析师实地调研对企业融资规模的影响是否存在差异。研究发现：首先，随着分析师实地调研次数的增加，企业外部融资额显著增加，其中股权融资正向显著，债务融资总体不显著。对调研内容的分析发现，涉及融资主题的调研增加了企业外部融资，而涉及战略主题的调研对企业外部融资影响不显著。其次，对其影响机理的研究表明，分析师实地调研通过降低信息不对称程度、缓解委托代理问题、吸引投资者关注促进了企业外部融资额的增加。采用 2SLS 和 Heckman 两阶段方法控制内生性影响后，该研究结论仍然成立。再次，考察分析师实地调研与不同产权性质企业的融资规模的关系发现，分析师实地调研对非国有企业融资规模的促进作用更显著；对不同特征/类型分析师实地调研与企业融资规模关系差异的考察发现，明星分析师和非关联分析师实地调研能显著增加企业外部融资规模。最后，对涉及战略主题的调研样本分析发现，战略主题调研次数的增加以及战略主题的调研信息语气的积极性，均有助于增加企业外部融资规模。

　　本书的主要创新之处为：第一，丰富了分析师实地调研经济后果的研究。已有分析师实地调研的经济后果研究局限于分析师预测准确性和资本市场反应两方面，本书重点关注分析师实地调研对上市公司融资约束的影响，并进一步探讨其对融资成本和融资规模的影响，有助于深入了解分析师实地调研对企业融资行为的影响机理。第二，拓展了企业融资约束影响因素的研究。已有研究表明宏观经济环境、内部治理结构以及所获取的信息披露水平会对企业融资约束产生影响。而分析师作为公司重要的外部治理机制之一，对其如何获取私有信息以及信息内容如何影响企业融资约束却缺乏深入的探讨。本书从分析师实地调研视角研究其对企业融资约束的影响，拓展了企业融资约束影响因素的研究。第三，改进了分析师实地调研的度量方法和指标。本书采用文本分析方法，对分析师实地调研内容涉及的主题和调研内容传递信息的积极性进行判断，是对以往研究通常设置虚拟变量和利用实地调研的次数来衡量实地调研活动所做出的改进，本书通过深入挖掘分析师实地调研的信息含量，丰富了研究结论。第四，拓展了分析师异质性的研究。已有研究仅从基金股权关联关系单一视角探讨分析师实地调研的经济后果，本书分别从声誉和利益冲突视角深入挖掘调研分析师个体特征对企业融资约束的影响，研究内容更加全面、更加具体。不仅拓展了分析师异质性的研究，而且极大地丰富了融资约束影响因素方面的研究。

　　本书的研究结论为激发微观市场主体活力、规范企业投资者关系管理活动提供了经验证据和政策依据，同时为企业提高融资效率、实现企业价值最大化目标提供了决策依据。

目 录

第1章 导论

1.1 选题背景与问题的提出

中国证券市场成立之初，上市公司和投资者对投资者关系这一新生事物还比较陌生。随着中国证券市场化改革的逐步推进，投资者关系日益引起上市公司和监管机构的关注，上市公司意识到加强投资者关系管理的重要性。同时，证券交易所和证券监督管理委员会也开始在上市公司中宣传和推动投资者关系管理工作。2003年7月，中国证券监督管理委员会（以下简称证监会）发布《关于推动上市公司加强投资者关系管理工作的通知》。随后，深圳证券交易所出台《上市公司投资者关系管理指引》。2004年1月，上海证券交易所出台了《上海证券交易所上市公司投资者关系管理自律公约》，为促进上市公司与投资者之间及时、有效的沟通，增进投资者对上市公司的了解提供了保障。2004年5月，深圳证券交易所发布《中小企业板块上市公司特别规定》，明确指出上市公司要披露开展投资者关系管理的具体情况。为进一步加强上市公司与投资者之间的信息沟通，完善公司治理结构，保护投资者的合法权益，2005年7月，证监会发布《上市公司与投资者关系工作指引》。这些规章制度推动了我国投资者关系的发展。

2006年8月，深圳证券交易所发布了《深圳证券交易所中小企业板上市公司公平信息披露指引》，鼓励上市公司详细记录接受调研、访谈和采访等信息，并在定期报告中披露。2009年，深圳证券交易所主板公司开始在定期报告中披露其接待投资者调研的情况，然而，定期报告的披露方式难以满足投资者对信息及时性的需求。2012年，深圳证券交易所在"互动易"网站推出"投资者关系"栏目，要求上市公司借此平台及时向社会公开接待投资者调研等相关活动的信息。2013年，深圳证券交易所出台《信息披露业务备忘录第 41 号——投资者关系管理及其信息披露》，强制要求上市公司披露和报告投资者关系管理活动，披露时间为业绩说明会、机构调研等投资者关系活动结束后 2 个交易日内，披露内容为活动类型、参与单位、参与人员、投资者所提的问题以及公司的答复，披露方式为通过巨潮网下的"投资者关系"栏目向外界发布。

投资者关系管理的基本原则是充分合规披露信息、投资者机会均等、诚实守信、高效低耗、互动沟通。常见的投资者关系管理活动方式包括接待投资者来访、路演、邀请投资者参加投资者年会和业绩发布会、设置投资者热线电话和信箱，以及在公司网站设立投资者关系网页和投资者关系论坛等。通过这些活动加强上市公司与投资者以及潜在投资者之间的沟通，增进投资者对公司的了解和认同，提升公司治理水平，最终实现公司利益最大化和保护投资者合法权益的战略管理目标。

接待投资者来访是上市公司投资者关系管理活动中的一项重要内容。而接待对象中机构投资者占多数，参与调研的机构投资者主要有基金公司、证券公司和投资咨询公司，表明上市公司非常注重大股东和机构投资者的投资者关系管理。其中，参与调研人员的主力军是证券分析师，除了从上市公司年报中获取信息以外，实地调研成为其获取公司信息的第二种有效方式。已有关于分析师实地调研经济后果的研究主要集中在以下方面：一是调研对分析师预测准确性的影响。徐媛媛等（2015）认为分析师通过参观厂房和仓库，与企业员工沟通交流，可以掌握企业真实的经营状况和研发活动。利用实地调研获取的信息，可以帮助投资者降低盈余预测误差，获取更高质量的信息（Yuan and Yue，2013；贾琬娇等，2015；Cheng et al.，2016；谭松涛等，2016；Han et al.，2018）。随着实地调研强度的增加，分析师对企业业绩信息挖掘的深度提升，有效抑制了企业分类转移盈余管理行为（翟淑萍等，2022）。所以，实地调研是分析师获取信息优势的重要途径（徐媛媛等，2015），尤其在分析师发挥引导性作用时信息优势更明显（Green et al.，2012）。二是市场能否对分析师调研这一信息做出反应。分析师实地调研及其后发布的盈余预测信息会引发不同的市场反应（Solomon and Soltes，2015；孔东民等，2015）。唐松莲等（2017）研究发现基金与证券分析师联合调研后仓位调整方向具有一致性，参与联合调研的基金持股变化能为自身获得超额收益。这表明基金经理依赖实地调研获取信息，并根据企业公开信息和私有信息的差异进行交易。一些学者发现分析师实地调研的公司比没有分析师实地调研的公司在调研日前后的市场反应更强（Yuan and Yue，2013；Cheng et al.，2019）。Cheng 等（2016）发现实地调研显著增强了基于预测修正的市场买卖行为。Cheng 等（2019）发现实地调研是对股价有重大影响的事件，其中涉及会计和财务主题的调研，市场反应更为强烈。因此，实地调研是投资者收集公司信息和进行知情交易的重要渠道。

综上所述，已有文献从分析师预测行为和市场反应两个层面探讨了分析师实地调研的经济后果，但忽视了分析师实地调研对被调研公司融资决策活动的影响。作为资本市场重要的中介机构，证券公司为企业直接融资提供了便利，发挥了市场组织者、流动性提供者和交易撮合者的作用。因此，本书主要从融资约束、融资成本和融资规模三个方面研究分析师实地调研对企业融资约束的影响及其内在机理。

1.2　研究目的与研究意义

1.2.1　研究目的

本书立足于中国的制度背景，从深圳证券交易所推出的投资者关系管理活动入手，目的是探究分析师实地调研对企业融资约束的影响及其作用机理。具体包含三个子目标：

首先，检验分析师实地调研对企业融资约束的影响。本书将实地调研界定为分析师亲临上市公司办公地点和车间等日常生产经营的直接场所进行的调研活动，而不包含网络会议、电话调查、券商推介会、股东大会、业绩说明会等调研形式。因为相比于其他调研形式，实地调研是一种面对面的沟通方式。一方面，通过直接观测被调研公司的生产运作情况能够获取大量的私有信息；另一方面，频繁的调研能够约束管理层行为。同时，分析师对上市公司的实地调研行为也向外界传递了上市公司未来业绩利好的信号。因此，基于信息不对称、委托代理、信号传递等相关理论，初步探讨分析师实地调研对企业融资约束产生的影响及其影响机理。在此基础上进一步探讨不同情境下分析师实地调研对企业融资约束的影响。

其次，检验分析师实地调研对企业融资成本的影响。当企业存在融资约束时，融资成本的大小决定了融资约束的程度。Easley 和 O'Hara（2004）提出，信息是经典三因素模型外影响融资成本的另一重要因素，而实地调研是分析师获取私有信息的重要渠道。分析师实地调研能有效挖掘市场上未公开的信息，提供信息增量，做出更准确的预测（魏萍等，2023），进而降低投资者信息风险。然而投资者对公司未来风险的判断也受分析师挖掘的信息特征的影响。因此，本书从分析师实地调研传递的信息内容视角检验分析师实地调研对企业融资成本的影响，并从理论上分析出分析师实地调研对企业融资成本可能产生作用的三条路径——降低信息不对称程度、缓解代理冲突和吸引投资者关注。在此基础上考察企业异质性和分析师异质性对分析师实地调研与企业融资成本关系的影响。

最后，检验分析师实地调研对企业融资规模的影响。受到融资约束时，企业从外部资本市场获取的资金有限。此时，作为企业主要的外部资金提供者，债权投资者和权益投资者出资的意愿比较低，企业面临债务融资和权益融资的两难问题。而信息不对称和委托代理冲突是导致企业融资规模不合理的重要原因。一方面，分析师实地调研使分析师有机会实地参观公司总部和生产设施，并与公司管理层进行深入的互动与交流。然后，利用其行业专长将解读后的信息传递到资本市场中，降低上市公司与外部投资者之间的信息不对称程度，以及债权人面临逆向选择的风险程度。另一方面，根据国泰安数据库的资料，一年内投资者可能到一家公司进行多次实地调研，加强对上市公司日常行为的监督，对企业违反债务契约的情形及时披露，促进债权人对企业行为进行监管，限制管理者牺牲债权人利益的自利行为，减少债权人的代理成本，有利于企业筹集债务资金。随着实地调研次数的增加以及调研过程中对企业经营活动的关注度提升，经理人受到外部监管的机会就越多，大幅缓解了代理冲突。因此，本书从外部融资增量的视角，实证检验分析师实地调研对企业融资规模的影响，并进一步考察企业异质性和分析师异质性对二者关系的影响。

通过对三个子目标进行研究与整合，最终得出分析师实地调研对企业融资约束产生的影响及其作用机理，并在二者关系检验过程中加入企业异质性和分析师异质性因素进行考察，实现本书的研究总目标。

1.2.2　研究意义

1.2.2.1　理论意义

第一，将分析师实地调研纳入企业融资约束的研究，考察分析师实地调研对企业融资约束影响的机理和路径，有助于拓展企业融资约束理论的研究视野。现有研究大多探讨外部宏观环境、市场环境和社会文化环境对企业融资约束的影响，而忽略了公司重要的外部治理机制——分析师实地调研行为对企业融资约束的影响。笔者将分析师实地调研纳入企业融资约束的研究，一方面将企业融资约束的经济后果分为融资成本和融资规模，另一方面展开了分析师实地调研影响企业融资约束的路径分析，拓展了企业融资约束理论的研究视野。

第二，测度分析师实地调研效果，关注分析师实地调研经济后果的研究，有助于拓展投资者关系管理的研究范畴。实地调研是企业投资者关系管理的一项重要内容。国内外有关分析师实地调研的研究尚处于起步阶段，分析师实地调研经济后果的研究局限于分析师预测准确性和资本市场反应两个方面，而忽略了分析师实地调研对企业融资约束的影响。因此，笔者深入挖掘分析师实地调研的信息含量，完善实地调研效果的衡量指标，通过探讨分析师实地调研对企业融资约束的影响，拓展了投资者关系管理的研究范畴。

第三，探讨分析师实地调研影响企业融资约束的治理机制，延伸了信息不对称理论的研究。由于交易双方拥有的信息分布不平衡而产生信息不对称，分析师实地调研不仅获取了丰富的语言类信息和非语言类信息，而且提高了投资者获取信息的及时性，削弱了管理层的信息优势，降低了上市公司与投资者之间的信息不对称程度，那么，分析师挖掘的私有信息特征可能会影响投资者的风险感知。笔者将分析师实地调研信息进行情感判断，从而深化了分析师实地调研对企业融资约束的影响机制研究，也表明分析师实地调研不仅提供增量信息，而且传递的信息特征也值得关注，从而延伸了信息不对称理论的研究。

1.2.2.2　现实意义

宏观层面：为激发微观市场主体活力，规范企业投资者关系管理活动提供了经验证据和政策依据。立足于我国企业融资难、融资贵的现状，信息是解决企业融资成本问题的关键要素。实地调研是投资者获取私有信息的一个重要渠道，也是企业投资者关系管理的重要组成部分，既解决了信息不对称问题，又提供了一个公开、公平、公正的信息环境。本书将外部资本市场环境与微观企业财务行为相结合，进一步探讨分析师实地调研对企业融资约束的影响，其实证结果与分析结论为我国实体经济的发展以及投资者关系管理制度改革提供了经验证据和政策依据。

微观层面：为企业提高融资效率，实现企业价值最大化目标提供决策依据。投资者关系管理降低了企业和投资者之间的信息不对称程度。本书从分析师实地调研的视角研究投资者关系管理对企业融资约束的影响，并进一步考察分析师异质性、企业异质性等对该影响的调节效应。本书的研究结论对于上市公司投资者关系管理活动的重视程度、组织形式以及企业投融资决策制定等均具有积极的启示作用，为企业提高融资效率、实现企业价值最大化目标提供了决策依据。

1.3　主要概念界定

1.3.1　实地调研

实地调研是一种特殊的投资者关系管理活动。与电话会议、投资者见面会和路演等其他投资者关系管理活动不同，实地调研过程中，投资者能参观公司总部和生产部门，观察企业的生产经营活动，并与企业的管理者、员工进行面对面的沟通与交流（Cheng et al.，2016）。因此，实地调研可以为投资者提供最新的、第一手的信息，是一种重要的信息获取渠道。实地调研通常由投资者根据自身的信息需求发起。调研前，投资者需要提交一份实地调研申请表，并签署遵守实地调研规定的协议。上市公司一般不会拒绝投资者的实地调研要求，除非在公司盈余公告的限制买卖期或其他重大事项公告期的敏感时段。当发布盈余公告或重大事项如合并、收购、增发新股等信息后，上市公司也会主动邀请投资者实地调研。由于在实地调研中，上市公司与投资者可以面对面交流，二者交流的内容呈现一定的自由度，投资者在实地调研过程中可以随时针对某些特殊事件进行询问（Bushee et al.，2017）。而且面对面交流也使投资者实地调研内容更多地从语言类信息向非语言类信息转移，例如当地经济发展水平，突发事件的应急处理方式，高管回答问题时的语气、语调、面部表情和肢体语言，以及其拒绝答复某类问题等做法都有丰富的信息含量。调研人员根据自身的观察获得一定的非实质性信息，这些与公开信息融合起来可能会更具有价值。

机构投资者是我国上市公司实地调研的主要参与对象，由买方机构和卖方机构两部分组成，其中买方机构（如基金公司、保险公司以及财务公司等）通过调研活动获取信息为自身投资决策提供依据；卖方机构（如证券公司、投资咨询公司等）通过调研活动获取信息为客户出具投资报告、提供投资建议等服务，并从中赚取交易佣金或分仓收入而自身在资本市场中不进行直接投资。然而国泰安数据库 2023 年的统计数据表明，证券公司在机构投资者调研中占比 86%，所以证券公司是机构投资者实地调研的主体，其中，分析师是证券公司的雇员，其职责是为买方机构投资者提供有价值的研究报告以及对其任职的证券公司的投行业务、经纪业务提供支持。所以，分析师也成为上市公司实地调研的重要参与者。本书将分析师实地调研定义为分析师实地观察上市公司经营管理状况并与其管理层面对面交流的活动。基于分析师对上市公司实地调研次数、调研内容以及调研文本信息积极性的差异，对分析师特征和调研公司特征进行分析，力求较为完整地描述分析师实地调研行为，从而更全面地研究分析师实地调研对企业融资约束的影响。

关于实地调研的研究大多数是基于投资者调研展开的，所以，本书在文献回顾与述评章节也梳理了投资者调研的已有研究成果，为本书投资者调研中的一个特殊的调研群体——分析师实地调研的经济后果研究做好铺垫。

1.3.2　融资约束

经典的 MM 理论认为，在理想状态下的资本市场中，企业内部融资成本和外部融资成本之间差异逐渐缩小，外部融资可以被内部融资完全替代，企业不受内部融资或外部融资的影响（Modigliani and Miller，1958）。然而，信息不对称和委托代理问题使得资本市场难以达到理想状态，产生了融资约束问题。学术界和实务界围绕融资约束问题开展了大量的研究，学者对融资约束的解读存在差异。部分学者（Fazzari et al.，1988；Fazzari and Petersen，1993）认为信息不对称会引发代理问题，为了维护自身利益，外部投资者会依据信息不对称程度向企业索取必要的风险回报。因此，企业信息不对称程度决定了其受融资约束影响的大小。信息不对称程度较高的企业存在严格的融资约束。Fazzari 等（1988）将融资约束定义为，在非理想状态下的资本市场当中，内外部融资成本差异较大，企业不足以支付较高的外部融资成本时就会出现融资不足，进而无法达到最佳的投资水平，使内部融资成为企业投资主要依赖的方式。但是，Myers 和 Majluf（1984）认为信息不对称程度较高的公司在融资时会先利用内源融资（如公司现金流、股利和利息保障倍数等），再利用外源融资。这类公司有充足的内部资金来源为项目筹资，根本不受外部融资成本的影响，因此，受到融资约束和投资不足问题困扰的是业绩较差的公司。然而，融资约束在我国企业中普遍存在。由于我国资本市场是一个发展历史比较短、制度不完善的弱式有效市场，企业内源融资成本与外源融资成本之间有较大的差异，而且内源融资成本要小于外源融资成本（胡晖和张璐，2015）。而客观存在的交易费用和交易双方信息非对称直接导致了企业内外融资成本差异的扩大。虽然内源融资降低了信息采集成本、谈判成本和监督成本等，导致内部融资成本下降，但是处于发展期的企业内部现金流不足，导致其很难持续经营。内部现金流的不充足使得上市公司不得不从外部资本市场获取资金。但是，资本市场中资金供需双方之间的信息不对称，使得外部资金供给方需付出较大的代价来监督资金需求方的还本付息能力，防范其道德风险。因此，上市公司外部融资成本大于内部融资成本，约束了上市公司融资渠道的选择。综上所述，本书借鉴 Fazzari 等（1938）对融资约束的定义：正常运营的企业在面临资金需求时，由于自身资金不足且外部融资成本远高于内部融资成本，难以从外部投资者处获取资金的现状。融资约束具体表现为企业流动资金积累不充足，外部融资困难，难以发行股票、债券，取得银行借款等情形。

1.3.3　融资成本

融资成本是指企业为筹集和使用资金而付出的代价，包括资金的筹集费用和资金的使用费用。按照融资成本的性质划分，通常将其划分为债务融资成本和权益融资成本两种。

债务融资成本是为满足生产经营所需，企业向银行等金融机构贷款或向公众发行债券融资所产生的费用。实质上是资金使用者向资金所有者支付的费用。不考虑所得税的情况下，融资成本主要包括融资费用和债务利息，其中融资费用的多少由融资方式决定。例如，银行贷款的融资费用主要包括利息支出和贷款手续费；债券融资的融资费用表现为融资过程中产生的承销费、评估费等交易费用和债券利息。考虑所得税的情况下，债务利息可以税前扣除，从而产生税盾效应。此外，企业违约风险的存在使债务融资成本与企业信用水平相挂钩，信用水平较低的企业获取银行贷款、发行公司债的难度增加，依靠债务渠道募集资金的可能性较低。可见，由于筹资活动而产生的债务融资成本是债务人占用债权人的资金而付出的代价，企业通过各种方式筹集资金后，需要按照契约规定，给予债权人风险回报以及资金占用的补偿。

债务融资成本的高低反映了企业外部融资的难易程度。

权益融资成本是企业发行股票时委托金融机构所支出的费用和使用资金时所产生的股息和红利，也是股东向企业提供资本而预期获取的报酬。这种报酬率是一种对于公司未来预期评估后的收益率。企业短期内不需要支付资金使用费，但企业未来的净利润归属于所有股东，股东承担的投资风险较高，因此，权益融资成本高于债务融资，而且权益融资相关的手续费用较多，例如，上市前的融资费用、上市后的信息披露费和聘用中介机构的费用等。此外，不同行业的权益融资成本存在显著差异，具体而言，文化传播产业、电子产业等新兴产业的权益融资成本较高，而纺织业、建筑业、交通运输业等传统产业的权益融资成本较低。

由于不同融资方式的融资成本有较大区别，所以企业将融资成本作为筹资决策的重要考虑因素。融资成本的高低不仅影响企业的外部融资决策，而且影响对企业经营业绩活动的评价，因此，研究融资成本问题非常具有现实意义。

1.3.4　融资规模

公司融资决策是指公司为了实现经营目标，在预测资金需要量的基础上，对各种融资方式、融资条件、融资成本和融资风险进行比较后，合理选择融资方式，最终确定融资规模和融资结构的过程（荆新等，2012）。所以，融资规模和融资结构是企业融资决策的核心内容。其中，融资规模是指融资的总体数量，具体表现为筹集资金的存量、增量和现金流量等。融资规模反映了特定公司治理下的融资决策问题，比较关注企业融资行为，成为当前财务领域讨论比较激烈的话题。融资结构包括内源融资和外源融资。外源融资是我国目前最重要的融资方式，其融资来源广泛、方式多样。按照融资形成的产权关系不同，可将其分为股权融资和债务融资。股权融资即向社会发行股票筹集资金，投资者投入资金获取了公司所有权，根据不同企业的章程和法律规定，有可能得到部分控制权。因此，股权融资不仅影响企业的融资结构，而且影响企业的利益相关者。股权融资的多少也会影响投资者之间的利益分享，甚至影响企业所有者的变更。

债务融资即通过银行借款、发行债券等方式筹集资金。除非债务人发生破产或者违约行为，否则企业必须到期偿还本金并支付利息。所以，债务融资具有时限性和偿还性的特点，而且会给企业带来节税的好处，有利于激励管理层用心经营企业。然而，一旦企业营运资金周转出现问题，债务融资给企业带来的定期偿债压力会导致违约风险。银行借款是企业债务资金最主要的来源。由于信贷政策是国家宏观调控的重要手段，银行在审核和发放贷款的过程中会受到政策性指导。一般情况下，政府部门会按照一定的标准在不同区域和不同产业之间分配资金，银行会按照相关产业政策的要求进行资金投放和结构调整。良好的银企关系也会使中小企业从银行获得资金的难度下降，利率相对稳定。除了日常的银行借款以外，非金融类企业也会发行债券进行债务融资。发行债券的企业首先要进行信用评级，信用等级的高低直接影响企业债务融资成本的大小。为了使社会秩序更加稳定、投资者利益得到合理的保护，企业发行债券设有固定的流程，其中包括企业内部的发行决策程序、国家发展和改革委员会的审批监督程序。本书将融资规模定义为上市公司当年的外部融资增量以及股权融资和债务融资的比重。

1.4 研究内容、研究方法与技术路线

1.4.1 研究内容

首先，本书研究了分析师实地调研对企业融资约束的影响。其次，横向分析不同情境下分析师实地调研对企业融资约束的影响。再次，进行纵向分析，一方面是融资约束的具体表现、分析师实地调研对企业融资成本的影响；另一方面是融资约束的经济后果、分析师实地调研对企业融资规模的影响。最后，根据研究结论提出政策建议。本书研究内容包括四个部分共七章，具体安排如下：

第一部分内容为导论，与第1章对应。主要对我国投资者关系管理的发展历程以及最新的企业投融资政策等选题背景进行阐述，结合现有的研究成果和不足，提出本书的研究问题；并对本书的研究目标、研究意义与研究贡献进行论述；对实地调研和融资约束相关概念进行界定，为研究打下基础；对研究思路和研究方法进行概述，为研究指明了方向。

第二部分内容为文献回顾、制度背景与理论基础，与第2章、第3章对应。在文献回顾方面，分别从分析师实地调研决策的影响因素及其经济后果与企业融资约束的影响因素三个方面入手，对已有研究进行梳理与总结，在

此基础上通过文献述评为后文研究提供理论依据并归纳出本书的研究贡献；在理论基础方面，基于信息不对称理论、委托代理理论、信号传递理论、有效市场假说以及行为金融理论等内容的论述，形成本书逻辑推演的理论支撑；并从证券分析师的工作内容、证券分析师与各市场主体的关系、证券分析师行业的定位与监管等方面对本书研究的制度背景进行分析。第二部分内容旨在为研究提供铺垫。

第三部分内容为核心问题研究，与第 4~6 章对应。本书最终研究问题，在于考察分析师实地调研对企业融资约束的影响，衍生出三个子问题，即分析师实地调研对企业融资约束的影响、分析师实地调研对企业融资成本的影响、分析师实地调研对企业融资规模的影响。因此，本书的第三部分主要针对三个核心问题，分别通过理论分析与逻辑推演提出研究假设、进行研究设计和实证检验。第三部分为全书的核心内容，也是解决研究问题的关键之处。

第四部分内容为研究结论、启示与政策建议，与第 7 章对应。基于核心问题的实证检验结果，得出本书的研究结论，并从宏观层面和微观层面提出相应的政策建议，体现研究的现实意义。最后总结本书研究的不足之处以及未来研究方向。

1.4.2　研究方法

关于分析师实地调研与企业融资约束的研究，既融入了外部治理环境对微观企业行为的理论机理，又对宏观政府层面和微观企业层面具有一定的现实意义，理论与实践紧密结合，并采用了规范研究与实证研究相结合的研究方法，具体如下：

（1）规范研究方法。

本书第 1~3 章主要采用文献研究法、逻辑分析法、制度分析法等规范研究方法对国内外证券分析师行业的定位、国内政策环境和已有文献进行梳理，并基于信息不对称理论、委托代理理论和信号传递理论对研究内容进行逻辑关系的梳理，构建"分析师实地调研与企业融资约束"的分析框架，理清相关因素之间存在的逻辑关系，力求探索出分析师实地调研与企业融资约束、融资成本、融资规模的内在关系，并为上市公司大样本实证研究中假设的提出提供理论支持。第 7 章采用演绎归纳的方法分别从宏观政府层面和微观企业层面提出了相关建议。

（2）文本分析法。

本书采用文本分析法对分析师实地调研的指标进行度量。一方面，对分析师实地调研的文本主题进行分析。首先，对实地调研的概念界定。本书只选取现场参观和实地观察两种调研形式。其次，对上市公司每次调研内容先进行大量的人工阅读，将调研内容划分为七类，然后结合 Python 生成的词云图，选定文本中的每类关键词。最后，用结巴分词库对每一条文本分句中的文本进行自动分词，统计上市公司每年每类关键词出现的频次，用以代表分析师实地调研对某类问题的关注度。

另一方面，对分析师实地调研的文本进行情感性分析。由于本书所选取的文本数据源自上市公司投资者关系管理活动中的实地调研互动文本。每条互动问题文本较小。O'Connor 等（2010）认为，对于小文本（如微博发布的内容）而言，通过匹配文本中含有的词汇与情感词库中的情绪词来判断其情感倾向（"词袋"方法）更合适。所以本书采用"词袋"方法。首先，利用已有的分词技术，用 Python 开放源结巴中文分词模块对本书所用到的文本进行自动分词。借鉴王华杰和王克敏（2018）的做法，本书语气词库采用台湾大学制作的《中文情感极性词典》并通过人工阅读文本内容选出正面和负面的情感语调词语，计算文本整体情感倾向（VisitT），即（积极词数量−消极词数量）／（积极词数量+消极词数量）。VisitT 值越大，代表分析师实地调研传递的信息越积极。

（3）实证研究方法。

本书第 4~6 章通过数据采集—提出假设—统计检验—结果讨论对研究内容进行相关的实证检验。本书采用的实证研究方法如下：

面板数据线性与非线性回归：分析师实地调研决策的影响因素研究采用面板数据 Probit 模型进行回归；分析师实地调研对企业融资约束、融资成本和融资规模的影响等研究内容采用面板数据多元线性回归方法。

调节效应检验：在不同情境下分析师实地调研与企业融资约束的关系检验中，研究企业异质性、分析师异质性是否为分析师实地调研对企业融资约束影响的调节变量，采用分组回归、组间差异的邹至庄检验。

内生性检验：采用了 Heckman 两阶段回归方法和两阶段最小二乘回归方法。为检验和修正分析师实地调研的自选择行为，采用 Heckman 两阶段回归方法，具体方法是：首先加入制造业企业（*Manu*）、市场份额（*MSHARE*）、公司规模（*Size*）、机构持股比例（*Inst*）、盈利公司（*Profit*）、企业年龄

（*Age*）、信息质量（*Rate*）、城市 GDP 增长（*GDP*）和被调研企业所在城市的上市公司的数量（*Numfirm*）作为自变量（Cheng et al.，2019），建立分析师实地调研的选择模型（Probit 回归），并估计逆米尔斯比率（Inverse Mills Ratio，IMR），然后将估计的逆米尔斯比率（IMR）引入主模型作为自变量，以检验和控制样本选择偏误问题。

为了解决分析师实地调研与企业融资约束之间可能存在反向因果的内生性问题，采用两阶段最小二乘回归方法（2SLS）。借鉴田轩等（2017）的做法，采用上市公司所在地是否开通高铁（*GT*）作为工具变量，进行两阶段最小二乘回归分析。高铁开通会降低分析师前往上市公司调研的时间成本，因此，如果上市公司所在城市开通了高铁，则该上市公司被分析师调研的次数会增加，高铁开通工具变量满足相关性要求；同时由于各个城市是否开通高铁以及何时开通高铁独立于公司的决策，特别是融资决策，因此高铁开通工具变量也满足外生性要求。

其他稳健性检验：采用不同方法度量的融资约束、融资成本和融资规模指标进行实证检验。

1.4.3　技术路线

本书采用常规性的研究范式，即"提出问题—分析问题、解决问题—结论建议"的研究脉络。具体而言，第一步，提出问题。首先，对已有的国内外相关文献进行了梳理并熟悉国内相关政策环境。其次，对国内知名券商进行实地调研，了解证券分析师行业的国内外发展趋势。再次，提出本书的研究主题：分析师实地调研对企业融资约束的影响，在此基础上进行相关概念界定以明确本书的研究主题，并通过研究意义与研究贡献的论述突出本书的研究价值。最后，基于信息不对称理论、代理理论和信号传递理论等理论基础和国内分析师行业发展的相关制度背景，为下一步分析问题做好铺垫。第二步，分析问题、解决问题。首先，将企业融资活动细化为融资约束、融资成本和融资规模三方面。这三个方面存在内在的逻辑关系，研究起点是分析师实地调研对企业融资约束的影响，而融资约束程度依据融资成本的大小来体现，且融资约束也影响企业融资规模。因此，纵向研究分析师实地调研对企业融资成本以及融资规模的影响。其次，横向研究不同情境下分析师实地调研对企业融资约束的影响。第三步，结论建议。总结各部分的研究结论并从监管机构层面和企业层面分别提出相应的政策建议。本书的研究技术路线

分析师实地调研与企业融资约束

如图 1-1 所示。

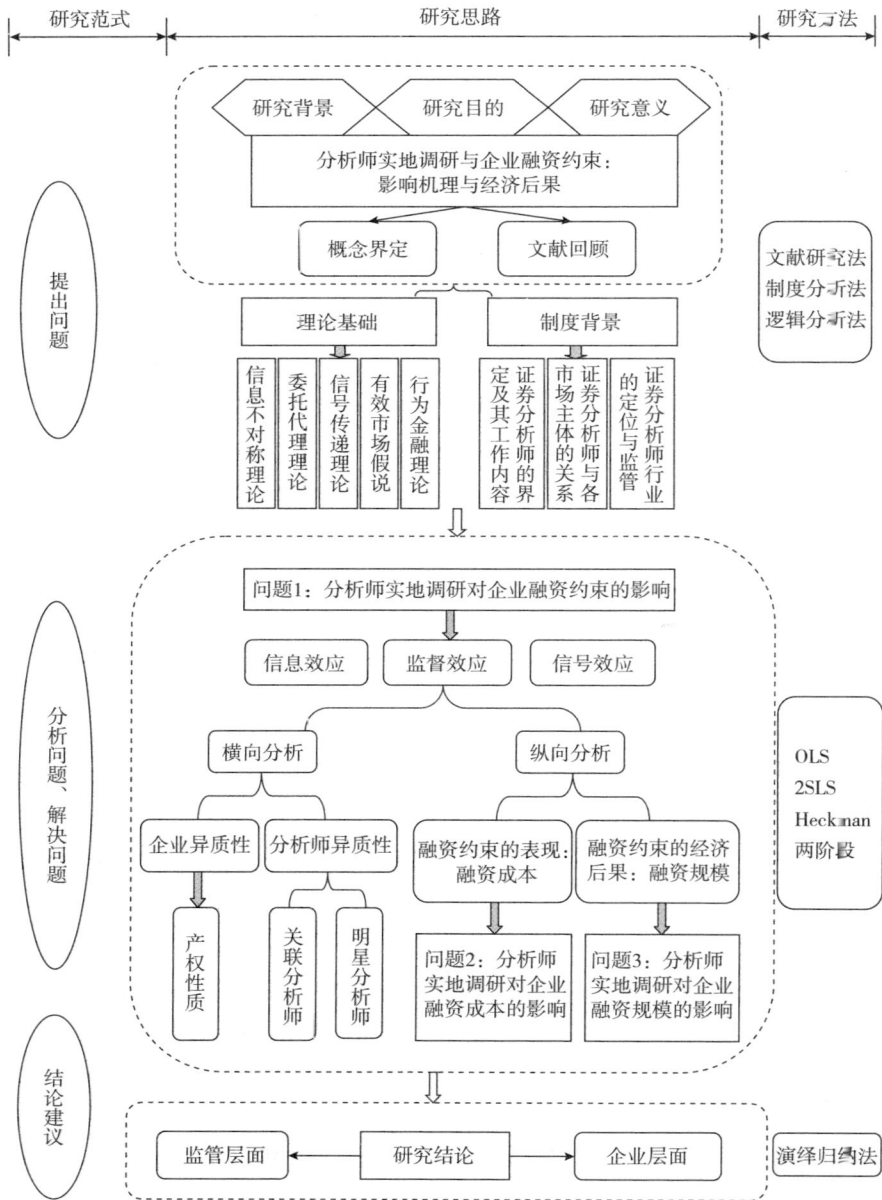

图 1-1　本书的研究技术路线

1.5　主要创新之处

本书可能的创新之处主要体现在以下四个方面：

第一，丰富了分析师实地调研经济后果的研究。一方面，已有分析师实地调研的经济后果研究局限于分析师盈余预测准确性和资本市场反应两方面，本书重点关注分析师实地调研对被调研对象即上市公司融资约束的影响，进一步探讨其具体表现及经济后果：融资成本和融资规模的影响，深入了解分析师实地调研对企业融资行为产生影响的作用机理。另一方面，已有分析师公司治理效应的研究基于分析师关注能够缓解企业信息不对称的前提，然而分析师是如何缓解企业信息不对称问题的研究比较匮乏。实地调研是分析师获取上市公司私有信息的重要渠道，也是降低企业信息不对称程度的一种重要方式。所以，从实地调研视角研究分析师公司治理效应，也在一定程度上丰富了分析师公司治理效应的研究。

第二，拓展了企业融资约束影响因素的研究。已有研究表明宏观经济环境、内部治理结构以及信息披露水平会对企业融资约束产生影响。作为公司重要的外部治理机制之一，分析师通过传播公开信息和挖掘私有信息缓解信息不对称状况，进而减轻企业的融资约束（张纯和吕伟，2007）。然而，对分析师如何获取私有信息以及信息传播的内容如何影响企业融资约束却缺乏深入的探讨。本书从分析师实地调研视角研究其对企业融资约束的影响，拓展了企业融资约束影响因素的研究。

第三，改进了分析师实地调研的度量方法。已有投资者实地调研的相关研究大多是采用设置实地调研的虚拟变量和实地调研的次数来衡量投资者实地调研活动，然而上市公司投资者关系管理活动缺乏对上市公司调研活动的规范，导致投资者实地调研过程并没有深入而是走马观花（肖斌卿等，2017）。实地调研次数的多少不能全面准确反映投资者实地调研质量。本书利用 Python 文本分析方法，对分析师实地调研内容涉及的主题以及调研内容传递的信息属性进行判断，改进了分析师实地调研的度量方法。

第四，拓展了分析师异质性的研究。已有研究发现，分析师声誉、分析师与上市公司以及分析师与基金之间的关系均会对其信息收集的能力和盈余预测产生影响，因此，不同分析师实地调研行为对企业融资约束的影响也可能存在差异。目前文献仅从基金股权关联关系这一单一视角探讨分析师实地调研的经济后果，本书分别从声誉和利益冲突视角深入挖掘调研分析师个体特征对企业融资约束的影响，研究内容更加全面和具体，不仅拓展了分析师异质性的研究，而且极大地丰富了融资约束影响因素的研究。

第2章 文献回顾与述评

2.1 实地调研的文献回顾

2.1.1 实地调研的动因

分析师实地调研的动因主要有以下四个方面：一是与公司管理层的互动能够帮助分析师更好地评估公司的战略和管理质量（Chen et al.，2015）；二是相比于新闻稿和电话会议等，这种与管理层的面对面沟通面临更少的审查和法律责任约束，从而使管理层在回应分析师的询问时具有更大的灵活性；三是调研公司可以通过"马赛克"方法来帮助分析师进行预测，将从会议或其他渠道获取的信息进行整合，形成对公司的一些独特观点或看法；四是分析师在调研中可能会获得一些重要的选择性信息披露内容（王亚男和戴文涛，2021）。因此，分析师有强烈的意愿去上市公司进行实地调研。

2.1.2 实地调研的影响因素

分析实地调研决策的影响因素主要从上市公司和调研者视角展开。从上市公司的视角，除了制度性因素的影响之外，公司的再融资动机、业绩、流通股比重以及机构投资者的存在使上市公司愿意耗费资源进行投资者关系管理。从内部因素分析，上市公司有主动开展投资者关系管理的动机。一方面，公司再融资动机。上市公司证券发行价格和发行效果与其投资者关系管理水平有着密切的关系。一般情况下，社会公众对信息透明度高或投资者权益保护好的上市公司投资意愿较高。当股票市场比较低迷和投资者信心不足，出现股票上市跌破发行价时，上市公司为了保证再融资计划的顺利开展会去资本市场中争夺相对稀缺的财务资源。此时，上市公司有强烈的动机搞好与投资者的关系。其中，邀请机构投资者和卖方分析师实地调研是一种且效快、成本低的理性选择。另一方面，公司业绩。公司业绩会影响管理者自我激励的效果。当公司业绩较好时，管理层为了彰显公司业绩更愿意与投资者进行交流。当公司业绩较差时，管理层为了赢得投资者对公司的信任和信心也会努力做好投资者关系管理工作。林斌等（2005）发现业绩好的上市公司更倾向于开展投资者关系管理，以便在信息不对称的条件下把好消息尽可能广泛传播出去，尤其是非常注重声誉的管理层更愿意与投资者进行交流。这样的主动沟通交流有助于塑造其自身形象，扩大其社会影响力。由于受媒体、投资者、监管者的关注较多，大型上市公司的管理层更注重维护自身的声誉。突破式创新程度越高的公司吸引分析师来创新调研的可能性较大（李哲等，2021）。从外部因素分析，一套有效的投资者权益保护制度或良好的外在环境会对管理者施加外在的压力，促使其主动开展投资者关系管理活动。夏雪等（2023）研究发现收到年报问询函的上市公司会吸引更多的分析师参与调研。合理的公司治理结构也能达到利益相关者之间的利益均衡。流通股股东持股较多的公司，管理者受到的外在约束较强，对流通股股东需求考虑会较多，进而有利于提高投资者关系管理水平。此外，机构投资者也会对管理者施加压力迫使其主动加强投资者关系管理。但也存在由于良好的投资者关系而吸引基金公司注资的情形（林斌等，2005）。从调研者视角来看，调研公司特征、券商特征以及公司所在城市特征会影响投资者调研决策。魏萍等（2023）认为分析师更倾向于对存在高管校友关系的公司进行实地调研。而Han等（2018）认为分析师特征、券商特征在调研决策中不重要，公司特征和券商调研的概率以及调研频率相关。尤其是市值较小、前一年度股票回报率较高、杠杆率较低以及与券商在同一城市的公司更可能被调研。崔宸瑜等（2022）认为信息外部价值更高的上市公司有更多分析师跟踪且被实地调研的次数会增加。而Cheng等（2016）发现分析师不可能调研很远的企业，但很可能调研有形资产较多的、业务集中度较高的企业，尤其是大券商的分析师更可能调研。这些结果表明分析师调研的可能性与预期收益正相关，与调研成本负相关。由于实地调研为投资者提供了观察经营资产和生产设施的机会。这些机会对于制造业公司来说更为重要，因为分析师拥有更多可观察到的资产和生产活动。因此，投资者更倾向于调研制造业企业。对一家公司的实地调研不仅能让投资者了解这家公司，还能让他们了解同行。首先，投资者更有可能从对业内领先企业的实地调研中获得此类见解。行业领先者会比其他公司有更多的实地调研。其次，投资者更有可能对市场参与者有更高信息需求的公司以及业绩好的公司进行实地调研（Cheng et al.，2019）。最后，当一家公司的经理承诺高水平的信息披露标准和透明度时，投资者更有可能被获准参观这家公司（Bushee and Miller，2012）。所以，信息披露评级较高的公司更有可能进行实地调研。此外，投资者可能会去那些经济增长较快的城市的公司，以更好地了解这些公司的增长潜力，也可能会去那些上市公司较多的城市，这样他们一次就可以参观几家公司。因此，投资者更有可能调研 GDP 增长更快、上市公司更多的城市（Cheng et al.，2019）。总之，当实地调研对投资者更有利时，企业实地调研的可能性更高。

2.1.3　实地调研的经济后果

已有研究关注电话会议、投资者会议、分析师与管理层私下互动等活动，与这些活动相比，实地调研可以使分析师获取前瞻性的信息并观察企业的经营和资产，而不仅仅依赖于与高管的讨论。通过现场观察，调研对更好地理解企业经营有很大的影响。分析师实地调研除了能直接观测公司的生产和经营状况以外，还能就年报或季报中没有披露的细节问题进行主动询问，从而最大限度地解决投资者的疑惑。然而，为了获取公司经营状况的第一手资料以及使公司定价更准确，分析师实地调研通常会耗费大量的时间和精力。

2.1.3.1　分析师实地调研的经济后果

Lang 和 Lundholm（1996）研究发现与公司直接接触是分析师获取上市公司私有信息的最主要来源。而这种非公开的信息来源主要包括实地调研、与公司高管私人会见和电话访谈等。其中，实地调研是分析师直接接触公司高管和了解公司经营状况以收集私有信息的最佳途径。由于国外分析师不公开对上市公司实地调研的数据，所以国外并未有关于分析师实地调研的研究。而基于中国数据的分析师实地调研经济后果的研究主要集中在以下两方面：一方面是分析师实地调研对其预测准确性的影响。在实地调研中分析师具有一定的主动性，对关注的信息有自主选择性。凭借与公司高管的面对面交流，分析师能更深入地理解公司的公开信息，降低公开信息中的不确定性，使分析师对企业公开信息做出准确的判断和确认。所以，分析师实地调研不仅可以获得被调研公司的有价值信息，而且可以帮助分析师提高行业知识和经验，最终提高预测准确性（廖明情等，2021；马黎珺等，2022）。实地调研可以参观被调研公司的生产经营活动场所，了解企业真实的经营状况和研发活动，使调研分析师获得信息优势（Bowen et al.，2018）。所以，调研分析师比其他分析师的预测准确性高（Cheng et al.，2016；Han et al.，2018；伊志宏等，2023）。另一方面是分析师实地调研产生的市场反应。由于实地调研是分析师获取企业私有信息的重要渠道，分析师实地调研强度增加，可以促进更多的公司特有信息融入股价，降低股价同步性（李翔等，2021）。然而以基金为代表的机构投资者的存在也会对分析师信息收集活动产生影响。伊志宏等（2018）认为基金股权关联分析师向市场传递了更多公司特质信息，降低了股价同步性。而且实地调研是基金股权关联分析师降低股价同步性的一个重要途径。分析师实地调研次数越多，每增加一单位的未预期盈余引起的年报市场反应会越强（黎文靖和潘大巍，2018）。尤其是基金与分析师联合调研使基金获得了超额收益。这表明基金经理依赖实地调研获取信息，并根据企业公开信息和私有信息的差异进行交易（唐松莲等，2017）。

也有部分学者聚焦于分析师调研报告对资本市场股票收益的研究。通常，调研报告是分析师调研或与行业内专家沟通交流之后发布的报告。所以，投资者可以从调研报告中获取上市公司实时的基本面情况以及行业内专家对行业发展趋势、行业内公司的评价，具有较强的时效性。汪弘等（2013）认为分析师研究报告具有显著的信息含量，分析师知名度越高、分析师所在券商的知名度越高，投资者依据其研究报告进行股票交易获取的超额收益越高。肖斌卿等（2017）认为投资者根据调研报告推荐的上市公司进行股票交易可以获取超额收益，再次证明调研信息具有一定的投资决策价值，而且分析师具有独特的挖掘行业内有价值股票的能力。然而调研报告总体质量不高的原因可能是分析师利用公开信息整理得出调研报告而自身根本没有去上市公司调研；或者上市公司调研准备不足、调研过程没有深入只是走马观花等。

2.1.3.2 投资者调研的经济后果

学者关于投资者调研的经济后果做了大量研究，为本书分析师实地调研的经济后果研究打下了坚实的理论基础。因此，本书添加了投资者调研的相关研究文献。已有研究发现投资者调研能够抑制管理层盈余管理行为，提高会计信息质量，降低企业信息不对称程度和代理问题。随着实地调研次数增加，管理层薪酬契约有效性提高，公司商业信用融资规模增加，研发投入强度和创新水平提高。所以，投资者调研对公司行为的影响主要集中在会计信息质量、投资决策、融资决策、资本市场反应以及对被调研公司高管治理作用等方面。

信息质量方面，王珊（2017）认为投资者调研能有效抑制管理层盈余管理行为，而且这种抑制作用在有较高声誉的机构参加调研活动的公司中更明显。进一步研究发现投资者调研会削弱公司将研发投入资本化处理进行盈余管理的程度（李昊洋和程小可，2018），并且这种作用在业绩压力较大的公司中更为明显。程小可等（2017）认为机构投资者调研频繁给公司带来了业绩压力，迫使管理层盈余预测更倾向于选择模糊的方式，而且相对于买方机构而言，卖方机构的调研行为更有可能导致管理层盈余预测采用模糊的方式。此外，张勇（2018）认为投资者实地调研的频度、广度及深度会显著提升其会计信息可比性水平。因此，机构投资者调研提高了公司的信息披露质量（涂建明和曹雅琪，2021），且券商和基金的调研行为对信息披露的治理效应最为显著（谭劲松和林雨晨，2016）。

投资决策方面主要局限于企业的研发活动，李昊洋等（2017）发现投资者调研次数越多，降低企业信息不对称和代理问题，公司研发投入强度越大，随着实地调研广度及深度提高，企业创新水平越高（张勇和殷俊明，2018）。然而，董永琦和宋光辉（2018）发现基金公司实地调研往往是"走马观花"。公募基金、私募基金以及保险公司调研通过发挥监督作用能促进上市公司的实质性创新，但不会诱发策略性创新。而分析师实地调研不仅能促进上市公司实质性创新，而且能诱发上市公司为迎合投资者而进行策略性创新（杨鸣京等，2018）。

此外，专业的机构投资者调研能够为上市公司获取同行业的研发信息提供信息支持和保障（谭劲松和林雨晨，2016）。投资者在调研过程中可以通过观察、提问等方式获得更多关于公司研发项目的信息。这些研发活动信息使同行业公司研发决策更加理性，为避免投资损失而充分考虑项目的风险。程小可等（2018）基于同行业公司投资决策学习效应的视角，研究发现投资者调研降低了行业内研发活动的溢出效应。钟芳（2020）研究发现机构投资者调研能够缓解企业非效率投资。

融资决策方面，肖翔等（2018）研究表明投资者调研有助于降低企业之间的信息不对称程度，减少机会主义行为，同时，投资者调研也向外界传递了该企业的较高成长性及盈利性，增强企业之间的信任感，进而可以促进企业的商业信用规模增加，以及商业信用成本降低。

资本市场反应方面，投资者与公司管理层的直接沟通行为有助于降低企业的信息不对称程度，提高企业财务报表信息透明度，降低资本市场的运营风险（Yang 等，2020），在一定程度上提升了股价信息含量，提高了资本市场的资源配置效率（Dong 等，2020；刘智宇等，2022）。李昊洋和程小可（2017）研究发现，投资者对上市公司的调研越频繁，公司盈余的价值相关性越高。尤其是卖方机构调研对公司的盈余价值相关性影响更大。

对被调研公司高管治理作用方面，一方面投资者调研使公司股东能及时、合理地评价高管的价值，防止管理层滥用权力获取超额薪酬，促进企业制定合理的薪酬契约。另一方面投资者调研使高管舞弊成本增加，管理层操纵业绩的动机削弱，财务报告更加真实可靠，最终使股东根据公司的会计业绩来决定高管的薪酬，提升公司高管薪酬对业绩的敏感性，降低薪酬黏性。李昊洋等（2017）研究发现投资者调研越频繁的公司其高管薪酬业绩敏感性越高、薪酬黏性越低。

2.2　企业融资影响因素的文献回顾

2.2.1　企业融资约束的影响因素

2.2.1.1　分析师行为特征与企业融资约束

分析师作为资本市场的信息中介之一，在上市公司与投资者之间发挥着非常重要的信息传递的作用。Bushman 等（2004）认为分析师的参与能够挖掘更多的企业尚未披露的信息以及已披露信息的更深层次内容，有助于降低企业的信息不对称程度。从分析师跟踪视角的研究认为，分析师跟踪人数是企业信息环境的指示器，代表市场对企业的关注程度（Lang et al.，2003）。跟踪一家公司的分析师人数增加，表明关于该公司的信息更多地被挖掘出来并被传播。分析师跟踪人数越多，对上市公司私有信息的挖掘程度越深，降低了企业的信息不对称程度，缓解了融资约束（张纯和吕伟，2007；罗拥华和刘思源，2024）。此外，分析师还具有监督职能，能够缓解企业的委托代理冲突，实现企业价值增值（Chen et al.，2016）。然而，宫义飞和郭兰（2012）研究发现我国证券分析师跟踪没有显著降低由代理问题导致的高投资现金流敏感性。从分析师预测视角的研究认为，分析师预测质量和分析师跟踪人数一样，也能向市场传递信息，而且分析师预测质量向市场传递的信息可能更多（Clement and Tse，2005）。分析师预测准确性越高，表示分析师掌握的公司信息越多或者质量越高，外部人与公司的信息不对称程度越低。而分析师预测分歧度越大，表示分析师掌握的公司信息越少或者质量越差，外部人与公司的信息不对称程度越高（Krishnaswami and Subramaniam, 1999）。宫义飞和郭兰（2012）发现分析师预测分歧度越低，其发布的盈余信息对市场影响越大，通过吸引大量的投资者关注，促进公司顺利进行外部融资。因此，分析师预测质量越高，公司的信息环境越好，债权人越容易获得更多高质量的公司信息进行信贷决策，减少了债权人的信贷风险，进而降低了债务融资成本（黄波和王满，2018）。然而，分析师预测也代表市场的预期。分析师预测分歧度越大，说明公司每股收益的不确定性也越大。而每股收益的波动与隐含资本成本存在正相关关系（Gode and Mohanram, 2003）。所以，分析师的预测及乐观偏差程度越大，隐含资本成本越高（孙多娇和杨有红，2018）。

2.2.1.2 企业融资约束的其他影响因素

已有企业融资约束的其他影响因素研究包括外部环境、公司治理结构和信息披露等方面。外部环境层面，涉及宏观环境、制度环境和社会文化环境。宏观环境视角的研究发现，货币政策影响企业融资约束。其中，紧缩型货币政策会加剧企业的融资约束程度，而扩张型货币政策可以缓解企业的融资约束程度（杜传文和黄节根，2018）。金融发展也能拓宽企业的融资渠道，降低交易成本，提高资源配置效率，从而缓解外源融资依赖性企业的融资约束（Gorodnichenko and Schnitzer, 2013）。其中，银行业竞争能显著缓解中小企业的融资约束（张金清和阚细兵，2018）。同样，产业政策激励也能够缓解企业的融资约束（车嘉丽和薛瑞，2017）。制度环境视角的研究发现良好的制度环境能够提高金融资源的配置效率，缓解企业融资约束。Liu 等（2022）认为较高的产权保护水平可以缓解企业融资约束。社会文化环境视角的研究发现政治关联能够起到信号发送功能，降低资金供求双方的信息不对称。商帮文化也会增强社会诚信、改善信息传递，达到缓解企业融资约束的作用（王孝钰等，2022）。内部治理层面，主要涉及股权结构和高管激励方面。股权结构视角的研究包括机构投资者持股和大股东持股。一方面，机构投资者能够降低公司面临的融资约束。张纯和吕伟（2007）发现机构投资者能缓解民营企业的融资约束。然而，并不是所有的机构投资者都能够积极地发挥监督作用。甄红线和王谨乐（2016）发现证券投资基金持股比例与公司融资约束程度负相关。此外，风险投资也能够缓解企业的融资约束（罗琦和罗洪鑫，2018）。另一方面，大股东减持向外界传递了公司未来前景不佳的信号，降低了外部投资者的预期，而且外部投资者的信心也受到大股东减持中的信息操纵行为的挫伤，从而加剧了公司的融资约束（吴战篪和吴伟立，2018）。高管激励视角的研究发现高管股权激励会导致公司更频繁地进行盈余管理和发生财务操纵行为，随着股权激励强度增加，公司面临的融资约束程度更加严重（何孝星和叶展，2017）。而张涛和郭潇（2018）认为高管薪酬契约激励政策向市场传递出公司良好发展前景的信号，从而对贷款者的信贷决策产生影响，降低公司融资约束程度。信息披露层面，涉及财务信息披露和非财务信息披露方面。财务信息披露视角的研究发现，会计稳健性水平越高，融资约束程度越低（张金鑫和王逸，2013）。非财务信息披露视角的研究发现，客户信息质量越高，企业融资约束程度越低（衣昭颖等，2023）。社会责任信息披露属于企业非财务信息披露的组成部分，有利于降低投资者对企业未来发展判断的不确定性，从而缓解融资约束（Hadlock and Pierce，2010；钱明等，2016）。因此，主动信息披露是解决信息不对称问题的有效方式，有利于缓解企业的融资约束。

2.2.2 企业融资成本的影响因素

2.2.2.1 分析师行为特征与企业权益融资成本

肖斌卿（2010）发现证券分析师跟进使上市公司披露的信息增加，信息环境得到改善，机构投资者的持股比例提高，进而降低了权益融资成本。然而，随着分析师跟踪人数的增加，分析师对企业的盈余预测会产生不一致的意见。分析师之间的意见分歧也被看作企业信息不确定性的一种表现（Barron et al.，1998）。分析师之间的意见分歧越大，表明企业信息不对称的程度越高，而信息不对称程度的增加会导致企业权益资本成本的上升（孙多娇和杨有红，2018）。因此，分析师意见分歧较大的公司，投资者对其期望回报率会提高，企业权益资本成本上升。分析师工作经验也会影响其向市场提供的信息。一方面，丰富的经验能使分析师提供更多有价值的信息，增加市场中的信息供应量，降低企业与投资者之间的信息不对称程度；另一方面，丰富的经验有助于提高分析师预测准确度，降低投资者所面临的信息风险。随着工作经验的不断积累，分析师对企业信息的解读更加充分和完整，预测准确度得到提高，投资者认可度得到提升。胡奕明和林文雄（2005）认为经验丰富的分析师分析质量较高，对市场的指导作用较强。因此，经验丰富的分析师对企业的关注能有效降低外部投资者和企业之间的信息不对称程度，降低企业的权益资本成本。无论是分析师关注还是分析师意见分歧，均通过信息不对称对企业权益融资成本产生影响。而良好的投资者关系不仅能降低分析师、投资者和上市公司之间的信息不对称程度，还能增强股票的流动性，从而降低公司权益融资成本（万晓文等，2010）。

2.2.2.2　企业权益融资成本的其他影响因素

现有文献涉及的权益资本成本影响因素主要有外部环境、内部治理和信息披露等。

外部环境层面涉及制度环境、市场环境和投资者法律保护。首先是制度环境。李慧云和刘镝（2016）发现企业股权融资成本受到宏观制度环境的影响。在制度环境完善的地区，公司信息透明度较高，投资者的信息风险较低，因此完善制度环境有助于降低公司股权资本成本（江媛和王治，2018）。从会计准则改革视角分析，高芳和傅仁辉（2012）发现会计准则改革显著增强了股票流动性，降低了上市公司的权益资本成本，进而提高了企业价值。而张先治和晏超（2018）认为会计准则变革通过改变会计信息质量对资本成本产生影响，基于资本资产定价模型的理论分析发现，由于企业投资增加对资本成本的反转效应，当满足一定的条件时，高质量的会计准则也可能会带来资本成本的提高。但是，由于财务分析师和机构投资者的信息治理功能，上市公司的权益资本成本会降低（李祎等，2016）。从货币政策视角发现，央行无论通过释放流动性等数量型调控工具，还是降低贷款基准利率等价格型调控工具，都不能显著地降低中小企业的实际融资成本（肖争艳和陈惟，2017）。其次是市场环境。产品市场竞争程度的加剧降低了权益资本成本（肖作平和周嘉嘉，2012；张军华，2014）。投资者认为拥有大客户的企业供应链整合高效，企业的经营状况得到改善，并向外界传递了积极的信号，从而使企业权益资本成本下降（陈峻等，2015）。总之，在转型经济环境下，微观环境的不确定性加剧了企业与债权人和股东之间的信息不对称程度，增加了企业的资本成本（林钟高等，2015）。由于媒体具有监督经理人行为和传递公司信息的作用，卢文彬等（2014）发现媒体报道有助于降低公司权益资本成本。最后是投资者法律保护。肖松和赵峰（2010）研究发现较好的投资者法律保护能够降低公司内部人员对外部投资者的利益侵占，外部投资者能够从公司中获得更高收益，愿意为公司股票支付更高的价格，从而降低了权益融资成本。

内部治理层面主要涉及股权结构、董事会特征和高管激励方面。Chen 等（2009）发现在新兴市场上，企业权益资本成本会受到其内部治理行为的影响。首先是股权结构。Ashbaugh 等（2004）认为机构投资者短期套利等行为恶化了上市公司治理水平，提高股权资本成本。而代昀昊（2018）认为引入的机构投资者通过参与企业的治理行为，执行监管者的角色，降低了企业与投资者之间的信息不对称程度，提升了信息透明度，从而会降低上市公司的权益资本成本。尤其是当机构投资者持股比例超过某个水平时，证券投资基金提升公司长期价值的动力十足（毛洪涛等，2013）。因此，证券投资基金持股比例与股权资本成本呈倒"U"形关系。从内部人持股视角发现内部人持股比率提高有助于降低权益融资成本（Suchard et al.，2012）。具体来说，管理者持股比例提高能够降低权益融资成本（Huang et al.，2009）。其次是董事会特征。董事长与总经理两职合一使企业委托代理问题加重，会提高权益融资成本，因此，独立性强的董事会有助于降低权益融资成本（Suchard et al.，2012）。而中国特色的控股机制会提高权益融资成本（蒋琰和陆正飞，2009）。所以，终极所有权结构也是影响权益资本成本的重要因素之一（肖作平，2016）。最后是高管激励。孙多娇和杨有红（2018）发现高管的薪酬激励能够缓解代理问题，使投资者的风险溢价水平下降，从而降低隐含权益资本成本。而购买董责险的公司，财务信息质量更低、资本市场信息不对称程度更高、投资者分歧更大，导致权益资本成本上升（冯来强等，2017）。此外，王化成等（2017）发现战略差异度越大的上市公司承担的权益资本成本越高。

信息披露层面，Glosten 和 Milgrom（1985）、Diamond 和 Verricchia（1991）、李慧云和刘镝（2016）等认为提高公司透明度有助于降低信息不对称程度和投资风险。因此，上市公司信息披露水平、披露质量的提高有助于降低公司权益资本成本（曾颖和陆正飞，2006；许启发等，2022）。相反，企业信息披露质量的降低会增加信息不对称程度，使得股票收益需包含系统性风险因素，从而提高了股权资本成本（Easley and O'Hara，2004）。从盈余管理视角，Lambert 等（2007）发现盈余管理通过改变投资者获得的盈余信息质量直接影响权益资本成本，同时也通过影响公司内部决策改变现金流分布而间接影响权益资本成本。进一步研究发现，真实盈余管理使得高成长性公司权益资本成本下降，而低成长性公司进行真实盈余管理会导致其权益资本成本上升（罗琦和王悦歌，2015）。从信息披露内容视角，Richardson 和

Welker（2001）认为财务信息披露和社会信息披露是公司信息披露的主要内容，然而财务信息披露有助于降低企业融资成本，社会信息披露反而会提高企业融资成本。而王艳艳等（2014）认为非财务信息的披露能改善资本市场信息环境，降低市场认知偏差。投资者对披露更多环境信息的重污染企业有更好的额外环境风险认可度，即环境信息披露质量越高，权益融资成本越低（叶陈刚等，2015）。此外，江媛和王治（2018）发现提高董事会报告的可读性有助于降低公司股权资本成本。同时，年报披露的风险越多，市场给予的信任越多，因而投资者要求的风险溢价越小，公司权益资本成本越低（王雄元和高曦，2018）。

2.2.2.3　分析师行为特征与企业债务融资成本

公司信息环境的好坏可以由分析师预测质量来反映（施先旺等，2015），而信息环境又是债权人定价决策的重要参考，那么分析师预测质量与企业债务融资成本之间必然存在联系。Elton 等（1984）认为分析师预测准确度较高时，表明公司信息更多地掌握在分析师手中，外部投资者与公司的信息不对称程度降低。Krishnaswami 和 Subramaniam（1999）认为分析师预测分歧度越大，表明分析师掌握的上市公司信息数量较少或可靠性较低，外部投资者与公司的信息不对称程度较高。因此，当分析师预测准确性提高时，企业信息环境较好，债权人进行信贷决策可利用的公司信息较多，减少了借贷风险，从而使企业债务融资成本下降（黄波等，2018）。信息不对称的存在使得债权人面临逆向选择和道德风险问题，从而增加债务违约风险。为了弥补违约风险，企业要支付较高的风险溢价，进而提升债务融资成本。投资者实地调研可以降低公司债券违约风险（王生年和牛慧君，2021）。Derrien 等（2012）研究发现，在信息披露质量高的企业中，由于企业和债权人之间的信息不对称程度较低，企业债务融资成本也较低。

2.2.2.4　企业债务融资成本的其他影响因素

已有关于企业债务融资成本的其他影响因素研究主要包括外部环境、内部治理、信息质量和公司特征等。

外部环境层面主要涉及金融发展水平、政府干预、市场因素、公司诉讼和外部审计等因素。Qian 和 Strahan（2007）研究发现在金融发展水平较好的国家，企业获取银行贷款的利率明显较高。因此，在经济较发达的国家，企业承担了更为昂贵的债务融资成本（Qi et al.，2010）。然而，唐逸舟等

（2020）发现资本市场对外开放有利于降低企业债券融资成本。银行业竞争也对中小企业借贷成本有显著的负向影响（尹志超等，2015）。良好的金融生态环境有助于上市公司债务融资成本的降低，缩小民营企业和国有企业之间信贷融资成本的差异（魏志华等，2012）。随着利率市场化进程的推进，上市公司债务融资成本逐渐降低（张伟华等，2018）。政府干预视角发现财政补贴作为政府对企业的隐性担保机制，能降低银行对企业的风险评估，进而降低企业债务成本（申香华，2014）。市场因素视角研究发现产业集聚显著降低了企业的融资成本，促进信贷资源向民营企业和关系密集型企业流动，能提高信贷资源配置效率（盛丹和王永进，2013）。其中，企业供应链集中度越高，企业的债务融资成本越高（张勇，2017）。公司诉讼视角发现公司的未决诉讼事项向投资者、外部监管者等利益相关方传递了一种风险信号。未决诉讼的存在会形成公司的或有负债，进而可能导致其背负沉重的债务负担，加大企业的财务风险。刘慧等（2016）研究发现存在未决诉讼的上市公司获取银行债务融资的成本更高，并且涉诉频率越高、涉诉金额越大，债务融资成本越高。外部审计视角发现，公司所聘事务所的审计声誉具有信号传递价值，能够间接影响公司债务融资能力及融资成本（Kim et al.，2011；陈骏，2011）。当审计师个人声誉受损时，客户公司债务融资成本提高（蒋尧明和蒋珩，2017）。

内部治理层面主要涉及股权结构、董事会特征、高管特征和内部控制等因素。良好的公司治理有助于降低企业债务融资成本（Bradley and Chen，2011；周宏等，2018）。股权结构视角研究发现机构投资者持股有助于缓解信息不对称程度，降低公司债务融资成本（Elyasiani et al.，2010）。随着机构投资者持股比例上升，公司获得的债务融资成本下降（Bhojraj and Sengupta，2003）。当公司具有多个大股东时，大股东更容易发挥监督作用，公司的债务融资成本越低（王运通和姜付秀，2017）。尤其是第一大股东持股比例上升会显著降低公司债务融资成本。然而，在集中的股权结构下，第二类代理问题严重的公司将有较高的债务融资成本（Boubakri and Ghouma，2010；Lin et al.，2011）。董事会特征视角研究发现董事会、审计委员会的独立性以及董事会规模与上市公司债务融资成本呈显著负相关（Anderson et al.，2004）。而独立董事兼任数量越多，其监督效率越低，企业的违约风险增加进而提高了债务融资成本（李志辉等，2017）。高管特征视角，一方面，高管学术经历能够通过企业信息风险和债务代理风险两个渠道降低约6.4%的公司债务融资成本（周楷唐等，2017）。另一方面，Houston 等（2014）发现高管任职经历降低了企业的银行贷款成本，但这种影响又与美国执政党派有关。内部控制视角发现，良好的内部控制能够降低公司与债权人之间的信息不对称程度，减少债务契约履行过程中的逆向选择与道德风险问题，降低公司内部的代理冲突与代理成本以及银行的债务风险，因此企业内部控制质量越好，所获取的银行债务融资成本越低（陈汉文和周中胜，2014）。林钟高和丁茂桓（2017）研究发现，内部控制缺陷提高了企业的风险不确定性，增加了债务融资成本，而内部控制缺陷的修复降低了债务融资成本。进一步引入内部控制监管制度变迁之后发现，加强内部控制监管力度有助于提升内部控制缺陷修复的进度，显著降低企业外部风险和债务融资成本。

信息质量层面，企业债务融资成本的重要影响因素之一是信息透明度。信息披露质量的提高有助于降低银行和企业之间的信息不对称程度，提高企业获得银行贷款的可能性，降低企业的债务融资成本（李志军和王善平，2011）。对于融资规模较大的企业，融资风险较高，企业向银行提供的信息增多、质量提高。徐玉德等（2011）研究发现信息披露质量高的公司更容易获得银行借款。而社会责任报告美观度越高的公司，其债务融资成本越低（马宝君等，2022）。会计稳健性作为公司会计信息质量的重要特征之一，迎合了债权人对会计信息质量的要求，增强了债务契约的有效性。国外学者Ahmed（2007）和 Costello（2011）研究发现，会计政策越稳健的企业，越能有效地解决债务人和债权人之间的代理冲突，降低企业债务融资成本。国内学者张丽琨和姚梅芳（2016）、邹颖和李燕茹（2016）发现会计稳健性能降低债权人的违约风险以及要求的贷款风险补偿，进而降低公司的债务融资成本。

公司特征方面，学者研究发现公司规模、盈利能力、负债水平、资产有形性以及公司成长性等特征会对债务融资成本产生影响（Yu，2005；李广子和刘力，2009；Bradley and Chen，2011；魏志华等，2012）。一般情况下，大规模、低负债率、高盈利能力、高成长性以及有形资产占比高的企业债务融资成本较低。

2.2.3 企业融资规模的影响因素

已有文献研究表明，信息不对称和代理成本是影响企业融资规模的重要因素。Myers 和 Majluf（1984）、Kaplan 和 Zingales（1997）认为，由于外部

分析师实地调研与企业融资约束

资金供给者和资金需求者之间存在信息不对称，公司需要向外部资金供给者补偿因信息风险而产生的溢价，从而导致企业外部融资成本上升，融资约束程度加剧，外部融资规模下降。Bernank 和 Gertler（1990）认为公司内部代理成本的存在使外部资金供给者要求公司补偿其承担的代理成本，从而导致企业外部融资成本上升，融资约束程度加剧，公司可获得的外部资源减少。由此可见，随着公司外部融资成本的上升，企业面临的融资约束程度加重，外部融资规模减小（田彩英，2013）。具体来说，企业融资规模受到外部环境因素、内部治理因素、信息质量以及企业特征等因素影响。

外部环境因素主要包括宏观经济、货币政策、产业政策、市场因素以及投资者保护等方面。苏冬蔚和曾海舰（2011）认为公司融资偏好受宏观经济因素的影响。当宏观经济上行时，公司的融资偏好为先股权后债务；当宏观经济衰退时，公司的融资偏好为先债务后股权。Graham 等（2016）基于美国上市公司数据分析表明，相对于企业所处行业和财务特征而言，宏观不确定性和货币政策调整是影响资本结构更为重要的影响因素。货币政策调整会通过改变银行的贷款意愿而改变企业的融资环境、资本结构选择以及借债方式（闫先东和朱迪星，2018）。紧缩性的货币政策调控导致企业外源融资占比、企业总债务率以及有息债务率均呈现出下降的趋势，尤其是民营企业表现得更为显著（徐文舸和包群，2016）。但受融资约束较弱的企业在货币紧缩时有更强的能力来对债务结构进行调整，杠杆率与货币政策的关系并不敏感（马文超和胡思玥，2012）。金融发展水平的提高降低了企业信息不对称程度，拓宽了企业的融资渠道，有利于企业从外部资本市场获取更多的资金（张凡，2015）。

税收政策视角发现，税收减免通过金融市场机制向外界传递积极的信号吸引更多的外部融资（余明桂等，2016）。所得税减免改变了企业外部融资水平，也影响了企业债务融资规模（Dammon and Senbet，1988）。由于负债利息能够抵税，高负债可以减轻企业税收负担，然而所得税减免会增加企业自由现金流，所以考虑到债务成本，企业债务融资规模下降（Carlson and Bathala，1994；李增福和李娟，2011），尤其是减少短期债务融资、增加企业内源融资（林小玲和张凯，2019）。产业政策激励会促使民营企业获得更多的银行信贷支持（黎文靖和李耀淘，2014），而且公司债券融资规模也受产业政策的影响（李隋和张腾文，2015）。

市场因素视角，首先是产品市场竞争方面。产品市场竞争强度与企业融资规模负相关，即产品市场竞争越激烈，企业越容易产生财务保守行为（赵蒲和孙爱英，2004；田彩英，2013）。而刘志彪等（2003）研究发现产品市场竞争越激烈，企业负债水平越高。然而，负债融资方式还本付息压力较大，降低代理人可控的自由现金流量，因而企业更倾向于股权融资方式（梁亚松和钟田丽，2016）。其次是互联网金融方面。凭借互联网的信息技术优势和交易成本优势，互联网金融降低了投资门槛，提高了金融供给水平和金融体系的包容水平（王曙光，2013）。因此，互联网金融对企业的融资选择产生影响。相比于传统银行业，互联网金融可以满足中小企业的融资需求，促使企业债券融资比例提高（王馨，2015）。而互联网金融的技术外溢效应和风险传递效应会降低企业债券融资比例（刘柳和屈小娥，2017）。最后是资本市场方面。顾乃康和年荣伟（2018）发现个股的流动性共性会导致企业新增的外部权益融资、债务融资以及外部融资总额下降；与新增的外部权益融资相比，新增的债务融资下降程度更大，且流动性共性与资本结构呈显著的负相关关系。

投资者保护视角，Gu 和 Kowalewski（2014）对 42 个发达与发展中国家（地区）进行的研究发现，一国的投资者保护与资本市场债券融资与股权融资比例密切相关。DMS（2007）认为，在更强的债权人权利保护水平下，银行信贷水平更高。对于企业融资结构来说，银行贷款的占比也更高。国内学者顾弦（2015）研究发现在债权人权利保护越强的国家（地区），企业越倾向于通过发行债券融资，由此带来的资本性投资比例也越高。只有加强对中小投资者权利的保护，才能有助于企业更好地利用股权融资（沈艺峰等，2009）。黎来芳和张伟华（2011）研究发现投资者保护水平越高，越能抑制控股股东掏空风险，增加企业融资规模。

内部治理因素主要涉及高管特征及其激励和股权结构方面。高管特征视角发现高管团队受教育水平越高，有用信息获取的越多，越有可能制定出最优的公司融资结构决策（Tihanyi et al.，2000）。而高管团队任期较短会影响团队成员之间的相互理解程度，收集整理有效信息的时间不足进而影响团队成员之间的交流，最终导致负债水平提高（Hambrick and Aveni，1992；钟田丽和胡彦斌，2014）。国内学者张春龙（2017）研究发现高管权力越大，出于个人私利的融资动机越强烈，外部融资规模就越大。对于具有高层银行关联的民营企业来说，不仅可以获得更多的长期借款增量，而且长期借款占总借款的比重显著高于非银行关联的企业（邓建平和曾勇，2011）。高管激励视角发现高管激励能够缓解管理者与股东之间的代理冲突，促使管理者采用最优的资本结构（Jensen and Meckling，1976）。激励机制促使管理者与股东利益的一致性，实现对其自利行为的有效制约。惠祥等（2016）发现股权激励能够提高企业融资结构中债权融资比例，降低股权融资比例。李昕潼和池国华（2018）发现实施 EVA 考核促使央企管理者更倾向于使用债务融资，充分地利用杠杆效应，从而实现企业价值提升。然而，上市公司普遍存在控制性股东，控股股东通过金字塔式的股权结构控制上市公司，而控制权与现金流权的分离则是控股股东掏空行为产生的根源（La Porta et al.，1999），而债务融资无法有效满足此目的。张涛和姚解云（2016）发现基于终极控股股东的民营上市公司管理层激励与债务融资负相关。终极控制股东和外部投资者之间的利益冲突是公司获得资本能力的一个重要因素。由于存在掏空风险，相比于国家终极控制的上市公司，私人终极控制的上市公司融资规模较高（黎来芳和张伟华，2011）。控制权和现金流量权分离度大的公司倾向使用较多的债务融资，尤其是银行债务和短期债务（Du and Dai，2005）。而肖作平和廖理（2012）发现现金流量权和控制权分离度低的公司具有显著高的总债务水平和银行借款。原因是现金流量权和控制权分离度越高，终极控制股东掠夺小股东的动机越强，然而高负债带来的还本付息压力约束了终极控制股东的掠夺能力。因此，为了摆脱"隧道"的约束，控制权和现金流量权分离度大的公司会选择减少融资结构中的债务融资数量。申明浩和傅瑜（2011）研究发现，家族的"隧道行为"使投资者无法监督大股东，因此，投资者使用"用脚投票"的方式来规避自己的资金风险，导致企业外部融资规模下降。股权结构视角研究发现股权集中度越高，企业融资规模越大（日彩英，2013）。大股东有较大的积极性去监督经理层，促使权益融资成为融资决策首选，降低公司财务杠杆（肖作平，2009）。风险投资机构持股有利于企业在资本市场上低成本筹集资金，提高企业股权融资效率（胡刘芬和同泽将，2018）。和境内投资者相比，境外投资者面临更严重的信息不对称，而且多数是进行分散化投资的大机构投资者，其持股比例较低，因此对管理者行为的监督更多依赖高负债水平（Wiwattanakantang，1999）。同时，企业寺股金融机构不仅能够为企业带来更多的债务资金，而且有利于企业提高融资成本较低的短期债务融资比重，降低融资成本较高的长期债务（黄小琳等，2015）。

信息质量方面主要涉及会计稳健性。会计信息质量影响契约成本，特别是银行借款契约能发挥降低借款利率的积极作用，促进企业进行债务融资（刘柏和琚涛，2020）。Richardson S.（2006）发现会计稳健性能有效识别企业是否违反债务契约，加强债权人的监管力度，约束管理者牺牲债权人利益的自利行为（Khan M. and Watts R. L. 2009），降低债权人的代理成本，有利于促进企业债务融资。尤其是促进投资不足的企业选择债务融资而非权益融资方式（张悦玫和张芳，2019）。而 Artiach 和 Clarkson（2014）发现会计稳健性降低了企业权益融资成本，因此，其对企业权益融资方式有促进作用。李政大等（2024）认为，环境信息披露可以缓解债权人的信贷错配风险，降低债权人在风险和收益权衡过程中面临的不确定性，促使企业选择债务融资方式。

企业特征方面主要涉及规模、盈利能力、偿债能力和成长性。企业特征是影响其资本结构选择的主要因素，尤其是总资产收益率和企业规模（周业安等，2017）。企业规模越大，融资规模越大，负债融资比例越高（田彩英，2013）。企业盈利能力越强，发生财务危机的可能性就越小（Ritter，2002），越容易获得银行贷款。而且盈利能力越强的企业，其内源融资能力越高，对债务融资的需求越少。企业偿债能力也是创业板上市公司融资结构的首要影响因素，其次是企业规模、盈利能力、企业成长性和营运能力（杨楠，2012）。偿债能力对融资结构的影响最为稳定。因为偿债能力强的上市公司现金流充裕，更倾向于内源融资。成长性视角发现上市公司的成长性越强，其信用状况和还款能力越好，债权人更倾向于向这类企业提供借款。而且，成长性越强的企业，其资金需求通常越大，债务融资因而成为这类企业的主要资金来源，导致企业负债水平相应提高。金融成长周期理论认为，企业融资结构变化的基本影响因素是伴随企业成长周期而发生的信息约束条件、企业规模以及资金需求的变化（Berger and Udell，1998）。赵旭（2012）认为处于成长期的上市公司占比较高，且相比于成熟期，成长期负债率较高。从行业生命周期的视角发现，不同行业生命周期的企业融资结构存在差异，在国家产业政策的扶持下，处于行业成熟期和衰退期的企业获得债务融资的可能性更高（杨广青等，2014）。

2.3　文献述评

综上所述，一方面，分析师跟踪通过降低信息不对称程度来缓解企业融资约束，分析师预测质量通过降低信息不对称程度和吸引投资者关注来缓解企业融资约束。另一方面，分析师实地调研有助于提高其预测准确恁，也产生了强烈的市场反应。同时，在已有的投资者调研对企业融资决策的研究成果中发现，投资者实地调研抑制了管理层的盈余管理行为，提高了企业会计信息质量。随着调研次数增加，管理层薪酬契约有效性提高，公司商业信用融资规模增加，研发投入强度和创新水平提高，股价同步性降低。此外，货币政策、产业政策、产品市场竞争以及社会文化等外部环境和企业的股权结构、高管激励等内部治理因素以及信息披露水平影响其融资约束的程度。然而，分析师跟踪对企业融资约束影响的研究仅从分析师跟踪人数视角展开，且分析师跟踪人数无法直接准确地反映分析师获取私有信息的程度（曹新伟等，2015），而分析师预测行为容易受到经济利益的干扰，其预测结果备受争议。实地调研是投资者获取企业私有信息的重要渠道。现有文献在取得丰硕成果的同时，在以下问题上仍有待进一步探究。

从调研主体来看，机构投资者调研处于主导地位。然而，机构投资者异质性会对其治理行为的积极性产生影响。卖方机构参与调研主要是为出具投资分析报告，而买方机构参与调研则主要是为自身投资决策提供依据，显而易见，前者在资本市场信息传递中更具有影响力。这种影响力可能会对企业融资约束产生显著影响。而作为专业的卖方机构投资者，证券分析师是上市公司实地调研的主力军。本书以证券分析师为研究对象，研究分析师实地调研对企业融资约束的影响。

从调研的经济后果来看，分析师实地调研的经济后果研究局限于对分析师预测行为的影响和资本市场反应上，缺乏分析师实地调研对企业融资约束、融资成本和融资规模三个方面的影响研究。虽然已有投资者调研的相关研究表明，实地调研促进企业信用融资规模增加，然而我国上市公司债务融资主要是以商业银行借贷为主，所以研究结论不适用于对企业融资决策的影响。

从调研的研究样本选择来看，已有投资者调研的相关研究样本包括电话会议、业绩说明会等调研形式。其中，实地调研不同于其他调研形式，其为投资者提供了一个观察企业运营和生产设施的机会，而且实地调研的频率也远远高于电话会议或者见面会，使调研者能够更加及时地获取公司经营信息。因此，本书的实地调研样本仅限现场参观和实地考察形式，这也与实地调研的概念相吻合。

　　从调研的指标度量来看，已有研究主要通过调研次数和参与调研的机构数量来衡量实地调研行为。然而调研次数和调研机构数量的多少并不能充分反映实地调研的信息获取程度。本书在已有度量方法之上，采用 Python 文本分析法对实地调研内容进行深入分析来衡量实地调研效果。

第3章　制度背景与理论基础

3.1　制度背景

3.1.1　证券分析师的界定及其工作内容

3.1.1.1　证券分析师的界定

在不同的国家，证券分析师有不同的称谓。在美国，证券分析师被称为金融分析师，而在英国，证券分析师则被称为投资分析师。我国证券分析师是指依法取得证券投资咨询的执业资格，且任职于证券经营机构，主要调研和分析与证券市场相关的各种因素，包括研究预测证券市场和证券品种的价值以及变动趋势，并通过发布证券研究报告、上市公司盈利预测和股票投资评级或者以其他形式向投资者提供上述报告以及分析、预测或建议等服务的专业人员。

按照证券分析师所属机构的不同，通常将证券分析师分为买方分析师和卖方分析师。卖方分析师是公众投资者经常可以接触到的，主要就职于券商或券商所属的证券研究机构，通过对上市公司调研以及对行业内上市公司的发展情况进行关注，采用撰写研究报告、预测公司盈余等方式向机构投资者和个人投资者提供投资建议。买方分析师通常任职于基金公司、保险公司或投资咨询管理机构等专业投资管理机构。但买方分析师编制的研究报告对外不公开，只在分析师所属机构的内部使用。买方分析师会选择性地在卖方分析师的研究成果基础上再进行加工，而自身不参与基础性研究工作。所以其研究报告主要供任职机构投资决策时使用。本书研究对象证券分析师主要是指卖方分析师。

3.1.1.2　证券分析师的工作内容

资本市场中最具有影响力的信息中介之一是证券分析师，其承担着为资本和资产准确定价的重要使命。一旦锁定上市公司，分析师会密切关注该公司，并通过认真阅读上市公司财务报告、实地调研等渠道，大量收集关于资产价格的信息，然后，利用统计技术、价值分析方法以及对上市公司、资本市场的全面理解，对标的资产进行投资价值分析，最终撰写包含盈利预测和投资评级建议的研究报告。归纳起来，分析师的主要工作内容包括以下三点：

其一，信息收集与分析。

根据东方财富数据显示，截至 2024 年 2 月 22 日，国内股民总数已达到2.5 亿户，其中，中小散户占绝大多数，数量约为 2.25 亿户。保护好投资者尤其是中小投资者的合法权益，就是保护人民群众的利益。而这些中小投资者在瞬息万变的证券市场上，大多无法及时获取市场信息，同时也没有专业的报表分析能力。证券分析师往往有很深厚的专业背景，通过研读财务报告等上市公司的公开信息、参与公司调研和参加新闻发布会等多种方式收集信息，然后从大量的信息源中提取出投资者所需的信息，从而引导投资者进行理性的投资决策。首先，上市公司公告和财务报告是证券分析师信息收集的最主要来源。公告中会及时披露上市公司发生的重要事项，而季报、年报等财务报告会披露公司的营运能力和盈利能力等各项指标，有助于分析师预测企业未来盈利能力。如果公司上市时间不长（一般少于 3 年），分析师通过阅读招股说明书，可以详细了解企业所处行业状况和公司的业务情况。如果上市时间较长，行业和公司已经发生了巨大变化，那么招股说明书的价值也会降低。此外，公司的官网、新闻媒体对上市公司的报道和上市公司的竞争对手都是分析师信息收集的渠道。其次，调研是分析师获取上市公司私有信息的重要渠道。公司公告和财务报告等网上能找到的数据是分析师长期跟踪企业的基础研究资料，这些资料也是分析师撰写研究报告的重要素材来源。然而，财务报告有可能被盈余管理操纵，导致这些信息有疏漏、不全面，甚至被扭曲。因此，实地调研成为上市公司财务报告真实性的检验方式之一。分析师实地调研可以获得对公司更精确、更全面的了解。调研时，分析师可以就行业或公司相关的更细节问题与董事会秘书、证券代表等进行深入的沟通，以便完善自己的分析框架，具体提问内容则因公司情况和分析师自身对公司的理解不同而有较大的差异。实地调研除了语言沟通外，眼见为实也很重要，分析师会观察公司的运营情况。如果调研制造业的上市公司，分析师会参观他们的工厂，了解机器设备的使用情况；如果调研文化娱乐业的上市公司，则会在现场看一下他们的产品。同时，关注公司的整体工作氛围。参与调研的人数越多，分析师获取的信息越多。在调研结束后，分析师需要及时对调研活动进行总结并梳理完成一份"调研纪要"，再将此发送给感兴趣的投资机构。

在信息收集的基础上，证券分析师需要分析和评估上市公司所在的市场信息、行业信息和公司特质信息，最终形成盈余预测和投资评级建议。宏观经济运行趋势、行业发展趋势、公司基本面和股票市场走势等是证券分析师主要分析的信息内容。其中，股票市场是宏观经济运行的晴雨表，宏观经济运行趋势与股票市场走势之间有着密切的联系。所以，证券分析师首先要对宏观经济运行的大背景有所把握。宏观经济运行主要包含国家经济整体运行状况、货币政策、财政政策和税收政策等方面的内容。分析师首先要对宏观经济形势进行判断，然后分析跟踪目标公司所处行业的发展现状和趋势。行业分析内容主要有行业发展所处的周期、上下游产业链的发展趋势、目标公司所占的市场份额等。然而，证券分析师最终目的是提高公司盈余预测准确性。除进行宏观经济运行趋势分析和行业发展趋势分析以外，证券分析师还需要分析目标公司对外披露的信息和私有渠道获得的信息。公司层面的信息包括产品的市场竞争力和定价策略、企业经营情况以及投资情况等，通过综合分析各影响因素来预测公司未来的经营情况，从而判断公司未来的股价走势，为投资者及潜在投资者的投资决策提供更多的公司特质信息。宏观经济运行、行业发展和公司基本面分析属于基础分析，而股票市场分析属于技术分析。由于证券市场和股票运行具有一定的特点和规律，投资者可以根据证券市场和股票运行的特点，寻找规律，预测公司股票的未来发展方向。

其二，撰写研究报告——盈余预测与投资评级。

证券分析师最重要的研究成果是对目标公司进行盈余预测和股票评级。研究报告是分析师研究成果的主要体现，其中，分析师对上市公司的盈余预测和投资评级是两个最关键的指标。这两个指标也是投资者投资决策和公司估值的重要参考依据，分析师应当提供准确的盈余预测和投资评级。然而，分析师在金融市场中不是独立存在的个体。为了获取丰富的上市公司信息，分析师需要对上市公司进行实地调研或参加电话会议等维持与上市公司之间的良好关系（赵良玉等，2013）。分析师对目标公司发布的定期财务报告和重大经营信息会持续关注、及时进行分析判断，编制并发布点评报告。分析师对上市公司的盈余预测和投资评级在每一份研究报告中都有反映，并且随时动态调整。例如，主营业务利润预测、每股盈余预测和每股现金流预测成为分析师盈余预测的主要内容。而对某只股票的买入、卖出、持仓观望还是组合投资等建议是分析师投资评级的主要内容。需要注意的是，证券分析师的投资建议是根据市场上投资者的平均水平而不是根据某一个特定的投资者而提出。因此，投资者需要考虑自身的实力、投资目的和风险偏好等因素决定是否投资、投资多少以及如何进行投资等。

其三，路演。

分析师写完研究报告，并且已经对公司有了深入的分析和观点之后，就需要向投资机构传递自己的观点。纸质的报告固然是一种很好的途径，但是语言的沟通往往更有效率且更及时。因此分析师就需要向投资机构进行"路演"，用语言的方式，将自己的分析逻辑和观点提供给投资机构。路演可以分为现场路演和电话、微信路演。一般来说，当分析师跟踪的行业、公司出现重大变化，或是分析师首次跟踪一个公司，完成一份深度报告时，会选择去投资机构现场路演，以确保和投资机构人员进行深度的沟通交流。一般来说，一场路演至少需要 1 个小时的时间。分析师在现场首先演示一份 30～45 分钟的 PPT 阐述事实、分析观点，然后和投资机构的人员进行交流互动，力图进行最充分的沟通。若是行业、公司出现的变化较小，分析师一般通过电话或微信与投资机构人员进行相对简单的口头交流即可。此外，有一种特殊的情况，即行业、公司发生十分重大的变化，分析师认为去一家机构路演已经无法及时传递自身观点，此时他们会选择进行大范围公开路演，通过电话、视频会议的形式同时对资本市场上多家投资机构进行路演。

证券分析师收集和加工信息、进行盈余预测以及路演的过程中均需要与上市公司、投资者和监管部门进行沟通。证券分析师与上市公司沟通的主要方式包括与高管的私人会见、参与股东大会、实地调研以及组织证券分析师会议。投资者及潜在投资者是证券分析师研究报告的使用者，所以证券分析师与上市公司进行良好的沟通能为投资者提供实质性的公司信息。一方面，证券分析师与投资者沟通可以使证券分析师及时了解投资者情绪，关注投资者关心的问题。另一方面，证券分析师可以借此机会将研究报告的信息传递给广大投资者，从而指导投资者的投资决策。证券分析师与监管部门沟通是反映投资者呼声的一个重要渠道，也是向监管机构提供政策建议的重要途径。作为与投资者和上市公司沟通交流较多的专业人员，证券分析师既对上市公司的信息披露制度和其他规章制度比较熟悉，又对投资者的情绪和期望比较了解。因此，证券分析师与监管部门之间的有效沟通能改善投资者所处的投资环境，降低投资风险。证券分析师与上市公司、投资者以及监管部门之间的沟通也成为其发挥信息中介功能的重要途径。

3.1.2　证券分析师与各市场主体的关系

证券分析师的独立性和客观性是其发挥信息中介作用的重要前提。然而，证券分析师有时发布有偏的甚至是故意误导投资者的研究报告，是因为受到来自上市公司、证券公司以及投资者的各种压力。因此，理清证券分析师与各市场主体的关系对解读分析师行为至关重要。

3.1.2.1　证券分析师与上市公司

证券分析师将关于上市公司的研究报告内容传递给投资者，从而发挥信息中介的作用。而上市公司为分析师出具研究报告需要提供信息支持。因此，证券分析师只有与上市公司管理层保持良好关系，才能从公司管理层获取私有信息。此时，公司管理层也可能会给分析师施加压力，要求分析师发布有利于上市公司的研究报告。当分析师发布消极的盈余预测和股票评级时，上市公司可能拒绝与证券分析师进行深入交流。分析师在上市公司管理层的压力下，可能会发布乐观的盈余预测和股票评级。Green 等（2014）发现与管理层的接触能够提高分析师盈余预测准确度。因此，证券分析师与上市公司的互动是其获取信息优势的一个重要渠道。证券分析师与上市公司高管的私人互动不仅有利于分析师对公司信息的获取，而且可以借机接触投资机构客户，加深对上市公司高管的了解。Bushee 和 Miller（2012）发现上市公司会通过雇佣投资者关系专家向证券分析师推销自己，而且此举也能吸引更多的投资者关注上市公司。这表明借助证券分析师的力量，上市公司在投资者之间提升了自己的知名度。因此，证券分析师与上市公司的关系实质上是一种相互影响、相互促进的关系。

已有证券分析师与上市公司的关系研究主要集中在承销关系方面。由于存在各种利益冲突，承销商分析师预测的准确性会下降。然而，企业与主承销商建立的业务合作关系可以降低企业和主承销商之间的信息不对称程度，抑制发债企业的盈余操纵动机。

承销关系是指分析师所属券商曾经是上市公司的承销商，分析师与上市公司之间存在承销关系。承销收入是证券公司投行业务的主要收入来源，而投行业务收入又是证券公司收入的重要组成部分。因此，在证券公司与目标公司存在承销关系时，证券分析师对投资客户的信托责任和对企业融资客户的责任之间会产生激烈的冲突。

一方面，承销关系使分析师面临双重委托代理关系，利益冲突严重。Jensen 和 Meckling（1976）认为，当个体或团体置身于一个同时存在多个委托代理关系的环境中时，代理人不可能使两个委托人的利益同时最大化。而承销商分析师正处于这样一个双重委托代理关系的冲突之中。投资者需要分析师提供无偏且准确的研究报告进行投资决策；同时，分析师在为存在承销关系的客户服务。客户公司的管理层希望承销商分析师对公司未来前景做出乐观的预测，帮助公司树立正面的形象，从而使承销商分析师陷入进退两难的境地。承销关系对分析师行为的影响主要集中在盈余预测和股票评级方面。原红旗和黄倩茹（2007）发现拥有信息优势的承销商分析师做出的盈余预测并不比非承销商分析师准确。由于缺乏独立性，承销商分析师乐观的盈余预测误差比非承销商分析师大。Lin 和 Mcnichol（1998）研究表明，与非承销商分析师相比，承销商分析师发布的投资评级更为乐观，尤其是在首次公开募股（Initial Public Offering，IPO）和季节性股权发行（Seasoned Equity Offering，SEO）阶段。当非承销商分析师发现新股价格被低估时，他们可能会发布乐观的评级意见来讨好 IPO 公司，以便在公司未来进行再融资时争取其承销业务（James and Karceski，2006）。而承销商分析师为了与机构投资者等重要客户维系良好的合作关系，股票评级意见更加乐观。刘洋和李星汉（2015）认为在定向增发预案公告前后，承销商分析师为取悦上市公司管理层会发布乐观的评级建议，而在锁定期，为了维护机构投资者利益，承销商分析师在评级建议和盈利预测上都表现得更加乐观，而且对于期间股价表现不佳的定增个股的盈利预测更加激进。

另一方面，承销关系可以使分析师具有信息优势，降低企业和投资者之间的信息不对称程度。某些投资者会因与企业之间的信息不对称而不断调低对某只股票的估值。承销商证券分析师作为信息中介，通过实地调研和凭借自身网络资源，收集与传播发行人和发行活动的信息，编写募集股份或债券说明书，进而承销股票或者债券。这些活动既为投资者提供了丰富的信息，又降低了企业与投资者之间的信息不对称程度（Erhemjamts and Raman，2012）。在证券承销中，主承销商与企业之间建立长期业务合作关系，既使主承销商降低信息收集成本，又使企业降低发行成本，最终缓解主承销商与企业之间的信息不对称程度。在债券承销中，主承销商与企业建立一种稳固的业务合作关系有利于维护主承销商的声誉机制（Carey et al.，1998），出于自身声誉的考虑，主承销商会更为关注所承销企业的财务报告质量（Lee and Masulis，2011）。主承销商还可以发挥监督作用，降低管理层的机会主义行为（Hansen and Torregrosa，1992），并提升企业的盈余质量（Jo et al.，2007）。吕怀立等（2016）发现具有监督功能的关系型承销能约束管理层的代理问题，从而缓解企业与债权人之间的信息不对称，降低发债企业的盈余操纵动机。券商与上市公司承销关系越紧密，越有助于券商获得公司 SEO 的承销业务（潘越和戴亦一，2013）。

3.1.2.2 证券分析师与投资者

机构投资者和中小投资者都是证券分析师的服务对象。然而，不同于发达国家的资本市场，我国股票市场上中小投资者占了较大比重。这些中小投资者掌握的财务知识或投资分析技能不足，而且获取信息的渠道有限，很难直接获得上市公司信息。因此，证券分析师成为上市公司与中小投资者之间重要的信息沟通桥梁。分析师研究报告中的信息可以帮助中小投资者了解上市公司的基本面情况，辅助其投资决策。

与中小投资者相比，机构投资者与证券分析师之间的关系更为复杂。一方面，机构投资者拥有在各券商之间分配交易佣金的权力，也是证券公司承销股票的主要购买者。作为买方机构，机构投资者具有某些特殊的权利，证券分析师需要提供必要的且具有价值的研究报告来满足机构投资者的要求。基金公司进行证券买卖必须通过证券公司的交易席位，然而基金公司对证券公司的交易席位有选择权。同时，基金公司对选定的交易席位定期支付交易手续费。然而，分析师的报酬与其服务相联系，所以，分析师的独立性会受到基金分仓的严重影响。Mola 和 Guidolin（2009）发现分析师对关联基金持有的股票评级更乐观。Gu 等（2013）基于中国分析师的数据研究发现，分析师受到基金分仓的压力对基金公司持有的股票发布了乐观报告。Firth 等（2013）也发现证券公司旗下分析师的投资评级会受到基金公司和券商的分仓关系的影响。

另一方面，机构投资者也会影响证券分析师的职业生涯。证券分析师的知名度和声誉由第三方机构的市场化评价决定。而最具代表性的第三方机构评价是每年一次的《新财富》杂志社"最佳分析师"评选。最佳分析师的唯一入选依据是基金经理等客户群体的主观评价而不是分析师研究报告的质量。

分析师上榜的唯一途径是其研究和服务赢得客户群体的认可程度。一旦入选为最佳分析师，分析师的地位和收入会有大幅度的上升（Stickel，1992）。因此，为了争夺最佳分析师的荣誉，证券公司想尽各种办法拉拢客户群体，证券分析师为了维护与机构投资者之间的关系会选择发布对机构投资者有利的盈余预测或投资评级，最终使分析师研究报告的质量受到质疑。灰色票选的存在使分析师和基金经理的研究质量和职业操守受到腐蚀，给中国资本市场的公信力和透明度蒙上了阴影。

已有证券分析师与机构投资者的关系研究认为分析师的信息活动不可避免地会受到关联基金的影响。基金公司与证券公司之间主要存在客户关系和股权关系。

（1）客户关系。

客户关系是指基金公司是券商的重要客户，基金公司与券商所属分析师形成客户关系。基金公司为了满足投资需求租用多家券商的交易席位，并向券商支付交易佣金。券商收入的主要来源是佣金收入，因此，券商和基金公司的关系主要体现在客户关系。关联分析师面临失去基金客户的压力使其更容易发布乐观的投资评级（Jiang et al.，2018）。因此，在佣金分仓关系的影响下，关联分析师对基金公司持有的股票发布的投资评级明显高于分析师一致评级（Gu et al.，2012；Firth et al.，2013；施先旺和李钻，2017）。甚至，在 IPO 市场中，为了维护与机构投资者之间的客户关系，承销商利用乐观且有偏的分析师报告为市场表现不佳的新股进行托市（潘越等，2011）。而且，基金公司参与询价的可能性、报价乐观程度、获得配售的可能性均与其向承销商支付的佣金正相关（南晓莉，2018）。

（2）股权关系。

股权关系是指券商参股甚至控股基金公司，是基金公司的股东从而使券商和基金公司构成股权关系。股权关系比短期契约的佣金分仓关系更具有稳定性。由于券商和基金公司有长期的利益关联，券商会利用旗下的分析师帮助股东基金公司提高业绩，最终实现券商和基金公司整体收益的最大化。由于券商的业绩受到股权关联基金业绩好坏的直接影响，券商会想尽各种办法提高股权关联基金公司的业绩。股权关联分析师为了提升基金公司的业绩，增加基金公司的资产管理规模和利润，进而对股权关联基金的重仓股发布乐观的投资评级。因此，基金股权关联损害了发布研报的分析师独立性。姜波和周铭山（2015）发现股权关联分析师对基金重仓股的评级更乐观。然而，证券公司各部门之间的互动可以产生积极的影响。作为管理公司基金的资产管理部门有高质量的信息需求。所以，分析师有动机收集有关特定证券的信息，提高分析师盈余预测质量。Irvine 等（2004）发现针对股权关联基金所持的股票，关联分析师对其发布的盈余预测更准确，基金公司也非常乐意听从关联分析师的投资建议（Jordan，2012）。因此，为维护股东基金公司的投资收益，基金股权关联分析师有强烈的动机发布乐观的投资评级，减少研究报告中的公司负面信息，削弱股价反映企业价值的能力；同时基金股权关联分析师也会为基金公司持有的股票投入更多精力，发布高质量的研究报告帮助基金公司准确地判断买卖时机，从而提高股票市场的信息效率（伊志宏等，2018）。2018 年 6 月出台的《首次公开发行股票配售细则》（以下简称《细则》）要求禁止向股权关联基金公司配售，限制关联基金参与询价的资格。因此，《细则》的实施一定程度上限制了股权关联基金的利益输运行为。南晓莉（2018）发现《细则》出台后，股权关联基金参与询价可能性、报价乐观程度、获得配售的可能性均有所降低。

3.1.2.3　证券分析师与券商

证券分析师和其任职的券商二者之间属于雇佣与被雇佣的关系。证券分析师为所属券商进行服务。监管机构要求综合类券商在各个部门之间建立信息隔离墙，然而，现实中这项制度并未得到有效执行。投资银行业务属于券商的一项核心业务。当券商与上市公司存在承销业务关系时，证券分析师需要为投资银行和承销部门撰写招股说明书，以支持股票发行。Lin 和 McNichols（1998）发现承销商分析师对即将再融资的上市公司会给予更高的增长率预测。股票发行结束后，分析师为了支持股价会发布乐观的研究报告和买入股票评级。经纪业务也是券商业务收入的主要来源之一。证券分析师为券商的经纪部门提供咨询业务支持。同时，分析师为了增加所属券商的佣金收入会发布乐观的研究报告刺激交易。除此之外，券商为了使分析师利益与公司利益保持一致，将佣金收入、投行收益与分析师收入挂钩。这将使证券分析师为券商各部门的发展贡献力量，明确了证券分析师在券商中的重要地位。

然而，券商对于旗下的证券分析师具有监督职能。证券分析师不得将不实的信息写入证券研究报告，也不得将无法认定真实性的市场传言作为确定性研究结论的依据。为了维护证券研究报告的独立性，证券研究报告的编制发布与销售服务分开管理。学者发现为了帮助券商招揽和拓展承销业务（Michaely and Womack，1999；原红旗和黄倩茹，2007）、经纪业务（Jackson，2009）、自营业务（Mola and Guidolin，2009）以及股权投资业务（胡娜等，2014），证券分析师会丧失独立性。迫于所属券商的压力，分析师通过发布乐观的研究报告留住客户。同时，为了提高券商在主承销商或副承销商的竞争中获胜的概率，在企业发行股票或债券前，分析师会发布乐观的投资评级。此外，如果分析师所属券商承销证券可获得大量收入也会加剧分析师的乐观偏差。尤其是存在再融资需求的上市公司，为了所属券商得到潜在的承销业务，分析师会忽略公司的负面信息而强调正面信息，高估公司投资项目的价值。对于任职于经纪业务规模较大的券商旗下的分析师压力更大，更倾向于发布乐观的投资评级（Ljungqvist et al.，2007）。因此，证券分析师的独立性受到其与所属券商之间的利益关系的影响。

3.1.3　证券分析师行业的定位与监管

3.1.3.1　证券分析师行业的定位

证券分析师是上市公司与投资者之间沟通的重要枢纽，也是上市公司投资者关系管理的重点对象。投资者关系管理是一个双向的信息传递过程，公司管理层既可以从投资者处收集信息，也可以将公司信息传递给投资者，共同培育投资者与上市公司之间良好的互动关系。上市公司财务报告对外发布后，分析师对公司未来前景会发表专业的意见和看法，例如，进行盈余预测和股票评级等信息。同时，分析师也会向公司管理层反馈投资者的需求，因此，证券分析师的存在促进了上市公司与投资者之间的双向沟通。

根据《中国证券业发展报告（2022）》，截至 2021 年底，全国共有 131 家证券公司，比 2016 年多了 2 家。2017 年，证券公司在上海证券交易所、深圳证券交易所上市数量达 30 家，其中证券公司在 A 股上市 4 家；在香港联交所上市 14 家，较 2016 年多了 1 家。从证券行业的从业人员数量来看，2017 年证券行业已注册的从业人员数量达到 35.07 万人，与 2016 年相比，增长了 6.73%。其中，证券投资咨询业务从业人员（分析师）2728 人，比 2016 年增加了 398 人。证券行业的发展使证券从业人员队伍逐渐壮大，然而由于现阶段证券公司普遍采用人海战术，证券行业的就业吸纳主要是基础性从业人员。从证券公司发布的研究报告来看，2017 年中国证券业协会调研的 101 家证券公司中，88 家证券公司设有研究所（部、子公司），占证券公司总数的 87.13%。从研究广度看，研究范围有宏观研究、行业与公司研究、金融产品研究、债券及固定收益研究、中小市值研究、新三板研究、海外市场研究等。证券研究的主要产品形式是研究报告。2017 年，研究所发布研究报告的证券公司有 85 家，共发布研究报告 16.40 万篇，其中，深度报告 15771 篇，大约占研究报告总量的 9.61%。2017 年中国证券业协会调查发现从事发布研究报告业务的人员数量显著提升，88 家证券公司的研究所所有员工人数为 4704 人，其中，具有 5 年及以上从业经验的员工 1558 人；拥有博士及以上学历的员工 482 人，比 2016 年多出 64 人。以上统计数据表明，无论是规模还是质量，证券分析师行业都取得了快速的发展，为我国资本市场的健康发展奠定了基础。

证券分析师所属券商是资本市场最重要的专业机构之一。首先，证券公司是资本市场的"看门人"。公司在上市或再融资时，证券公司的审查工作能有效防止各类欺诈行为的发生，提高信息披露的质量，保障投资者的知情权。其次，证券公司为企业直接融资提供了便利。当前企业融资难的一个重要原因是信息不透明，证券公司可以发挥市场组织者、流动性的提供者和交易撮合者的作用，为企业直接融资提供帮助。最后，证券公司是资本市场的稳定器。证券公司具有较强的价格发现能力，能指导投资者做出理性的投资行为，为稳定资本市场发挥了重要的作用。这充分明确了证券公司的定位，不仅需要在保荐项目时运用专业知识和专门经验，充分了解发行人经营情况和风险，对发行人的信息披露资料进行全面核查验证，作出专业判断，以供投资者作投资决策时参考，还需要发挥机构投资者的定价能力，建立机构投资者作为参与主体的询价、定价和配售机制，用理性的投资行为促进市场平稳运行。

3.1.3.2 证券分析师行业监管

2005 年 9 月，中国证券业协会对《中国证券分析师职业道德守则》（以下简称守则）[①] 进行了修订。该守则要求证券分析师应该取得中国证券业协会颁发的证券投资咨询执业资格。证券分析师应恪守独立诚信原则，高度珍惜证券分析师的职业信誉和职业声誉，不得做出有损于证券分析师职业形象的行为；在执业过程中遇到客户利益与自身利益存在冲突、客户利益与所在执业机构利益存在冲突或自身利益与所在执业机构利益存在冲突时，证券分析师应当保持自己的客观独立性。

我国证券公司的业务主要有证券经纪业务、证券投资咨询业务、证券承

---

① 2012 年 6 月，中国证券业协会制定了《证券分析师执业行为准则》，该守则同时废止。

销与保荐业务以及证券资产管理业务等，种类繁多，证券公司各业务部门之间有着紧密的联系。为控制内幕信息及未公开信息的不当流动和使用，2015年3月23日，中国证券业协会要求证券公司建立信息隔离墙制度。该制度要求证券公司不应允许证券自营、证券资产管理等可能存在利益冲突的业务部门对上市公司、拟上市公司及其关联公司开展联合调研、互相委托调研。2017年7月，为有效实施证券公司的日常监管，合理配置监管资源，提高监管的效率，中国证券监督管理委员会（以下简称证监会）修订了《证券公司分类监管规定》。监管机构对每家证券公司的风险管理能力进行评价，结合公司的市场竞争力和合法合规情况，对证券公司进行分类。分类结果将作为证券公司申请增加业务种类、增设营业网点以及发行上市等事项的审核条件。

2019年12月，第十三届全国人民代表大会常务委员会第十五次会议审议通过了新修订的《中华人民共和国证券法》，其中设立了信息披露和投资者保护两个专门章节。信息披露专章明确指出信息披露义务人披露的信息应当真实、完整和准确，不得有虚假记载、误导性陈述或者重大遗漏。同时，还强化了董事会、监事会和高管的责任。这项规定使接待投资者调研这一投资者关系管理活动未来更加受到企业的重视。投资者保护专章指出证券公司首先应充分了解投资者的基本情况、财产状况、投资知识以及投资经验等信息，并如实说明证券服务的内容，做好风险提示，然后销售与投资者状况相匹配的证券。如果普通投资者与证券公司之间发生纠纷，证券公司不得拒绝投资者提出的调解请求。此外，新证券法规定，证券交易场所、证券公司和证券登记结算机构的从业人员，不得直接或者借他人名义持有、买卖股票。对于违反上述规定的，责令依法处理非法持有的股票、其他具有股权性质的证券，没收违法所得，并处以买卖证券等值以下的罚款。

证券公司的主营业务是为投资者提供融资、交易、投资等中介服务，提升资本市场的资源配置能力，服务实体经济。首先，优质券商要有大格局和大视野，在证券行业中树立标杆，引领行业朝着差异化、特色化和专业化方向发展。每家证券公司要在特定行业拥有行业专长、独特的强项，打造精品。各类证券经营机构分工协作，为解决实体经济融资难的问题强化自身的责任和能力。其次，证券行业需要打造合规、专业和诚信的行业文化。依靠行业文化的建设，约束证券公司完善治理结构，制定合理的绩效考核机制和激励约束机制。最后，提高证券公司的违规成本。加强对证券公司违法违规行为的监管，尤其是对核心人员和重点领域强化监管、处罚力度，提高监管工作的有效性。证券分析师行业的有效监管可以提高分析师研究报告的质量，保护投资者的合法权益，维护资本市场的公平、公开、公正。

3.2 理论基础

3.2.1 信息不对称理论

作为信息经济学的核心理论，信息不对称理论由经济学家乔治·珂克洛夫（George A Akerlof，1970）提出。由于消费者与供给者掌握产品质量信息的不对称，消费者可能会做出逆向选择行为从而出现"柠檬市场"，使得高质量产品被低质量产品驱逐出市场，出现"劣币驱逐良币"的现象。Spence（1973）提出凭借信号的作用，市场中介能够抵消逆向选择的效应。信息不对称指受交易影响的双方——委托人和代理人之间信息分布的不平衡。一方面是交易双方之间拥有的交易信息是不对称的，即一方比另一方掌握的信息要多；另一方面是交易双方都清楚彼此在信息掌握方面的相对地位，由于立场和地位的不同，交易双方获得信息的难易程度以及得到的信息质量也存在差异。所以，市场经济中的交易者拥有的信息不仅不充分，而且交易者之间的信息分布处于不均匀、不对称的状态，这将使市场运行效率受到严重的影响并导致市场失灵。非对称信息是不完全信息的一种经典形式。从发生时间来看，非对称分为事前的非对称和事后的非对称。事前的非对称指在当事人签约之前，发生了信息的非对称；事后的非对称指在当事人签约之后，发生了信息的非对称。逆向选择往往是事前的非对称信息所致，而道德风险往往是事后的非对称信息所致。

根据信息不对称理论，资本市场中上市公司管理层存在信息优势，可以选择性地披露公司深层次信息，以满足其盈余操控和控制股价的目的。而投资者对公开披露信息的理解能力有限且处于信息劣势，管理层和投资者之间的信息不对称会导致逆向选择和道德风险问题。机构投资者凭借其较强的专业能力、专业化的团队和资金优势通过实地调研可以收集到个体投资者无法获取的私有信息，并通过参与资本市场或者与个体投资者的互动向资本市场传递，最终使这些信息被其他投资者获取。作为资本市场的信息中介，分析师架起了上市公司和投资者之间信息沟通的桥梁，具备较好的信息解读和预测能力，且拥有持续获得各项信息的渠道。实地调研能直接、深度地挖掘公司特质信息，降低上市公司和投资者之间以及投资者之间的信息不对称程度，弥补投资者在信息获取上的不足，增加信息传递效率，提高资本配置效率。因此，信息不对称理论对分析师行为的研究具有显著的支撑作用。

3.2.2　委托代理理论

Jensen 和 Meckling（1976）提出了委托代理理论，其本质是委托代理关系。该理论认为根据契约关系的设定，行为主体将资源转让给另外的行为主体进行使用，并根据接受方提供的服务数量和质量支付相应的报酬。委托代理理论是对企业所有者与经营者之间契约关系问题进行的探讨。企业所有者为企业提供了丰富的资源，然而由于缺乏相关专业经验和技能，无法合理利用这些资源，于是从经理人市场聘用了职业经理人来合理分配这些资源并与其签订了契约关系。这种契约关系涉及资源所有者和资源使用者，即企业的股东和经理人之间的权责安排问题。根据委托代理理论，企业的股东——资源所有者是委托人，而企业的经理人——资源使用者是代理人。经过多年的发展，委托代理理论由传统简单的双边代理理论发展出诸如多人代理、多任务代理和共同代理等较为复杂的代理理论。目前企业主要存在两大委托代理问题：一是企业所有者与管理者之间的代理冲突。企业管理者往往存在自利性，并且同时作为企业所有者的代理人，二者在根本目的上存在较大的偏差。同时，与企业所有者相比，企业实际的经营管理者更具有信息优势，导致管理者更容易利用职位上的便利侵占所有者利益。二是大股东与中小股东之间的利益冲突问题。企业的大股东具有较大的股权比例，其投票权在一定程度上能够左右企业的经营方针和发展战略，而中小股东不具有股权优势，只能够采取"用脚投票"的方式，往往处于被动地位。在这种情况下，大股东可以通过股权优势获取内幕信息或者选择对大股东更有利的投资项目，从而损害中小股东利益。为了缓解委托代理冲突，对分析师等外部监督机制的需求便产生了。分析师关注上市公司的过程中，已经对公司管理层产生了一定的监督效应，进而使公司治理的效率得以提高。而投资者关系管理活动有利于提高投资者的知情权，从而抑制了大股东侵占中小股东利益的行为。投资者调研能够为外部股东监督管理层或大股东提供额外信息，抑制公司内部人的机会主义动机（杨德明和辛清泉，2006）。因此，委托代理理论能够为本书后续章节（如分析师实地调研对公司融资约束影响的作用路径）提供相应的理论依据。

3.2.3 信号传递理论

信号传递理论建立在信息不对称理论的基础之上。Spence（1973）首次提出了信号传递模型，强调信息的有效传递是缓解信息不对称问题的重要手段。信号传递理论认为，采取某种行动或决策的企业会向市场传递消极或积极的信号。为了避免信息劣势方的逆向选择问题，信息优势方时常会利用各种途径向信息劣势方传递消极或积极的信号，以此达到自己的目的。根据信号传递理论，企业将积极或消极的信息传递给投资者或债权人，有助于投资者或债权人对企业的优劣程度进行辨别。通常，公司内部人（股东和管理层）比外部投资人掌握的公司信息更多，内部人向市场传递公司决策等相关信息。外部投资人依据这些信息判断公司的真实价值，从而做出投资决策。

由于存在信息的不对称，资金借贷双方为了顺利完成投资项目而利用信号传递的方式来传递信息，比如在确定的投资收益率情况下，投资项目风险的高低可以通过企业最优负债水平点进行信号传递。资本结构的改变直接关系投资者对企业的评价。管理者持有公司股权比例越高，向潜在投资者传递的信号表示公司未来盈利前景越好、公司市场价值越大。信号传递理论将信息经济学融入企业的融资决策中，使得公司融资研究更加丰富。分析师对上市公司进行实地调研向市场传递了积极的信号，可以吸引投资者关注，提高股票流动性。

3.2.4 有效市场假说

美国经济学家尤金·法玛首次提出了有效市场假说。其核心思想是在有效市场中，所有可能影响价格变动的信息均能被价格充分、及时地吸收，投资者凭借获取的信息无法获得超额收益。因此，信息种类的不同会影响证券市场的有效程度。一方面，根据投资者获取信息的难易程度进行分类，反映历史市场交易情况的信息是投资者最容易获取的信息，例如历史股价、回报率以及成交量等；上市公司公开披露的信息是投资者较为容易获取的信息，例如分析师研究报告、上市公司年报等；上市公司的内部信息是投资者最不容易获取的信息。另一方面，根据股价所反映的信息内容差异，有效市场分为弱式有效、半强式有效和强式有效三类。弱式有效指所有股票历史序列中的全部信息均充分反映在当前的股票价格中，此类市场中，投资者想凭借历史信息来制定投资策略、买卖证券，获取超额收益是不可能的。半强式有效指所有历史信息和公开信息均充分反映在当前的股票价格中，例如公司的利润、股利分配和并购重组等。此类市场中，投资者利用公开信息来制定投资策略、买卖证券，获取超额收益是不可能的。强式有效指上市公司所有相关的信息均充分反映在当前的股票价格中，这些信息既有历史公开的信息，也有各种私人信息以及内幕信息。强式有效是最高形式的有效市场。

　　根据有效市场假说可以得出，信息效率是股票市场效率体系的基石。该理论假定市场具有完全信息且交易是无摩擦的，然而这种假定在现实中是不可能存在的，而且该假定完全忽略了市场机制在定价和价格波动方面的作用。随后的规模效应和季节效应等市场异象推翻了这种假定。实际上，信息内容及其速度对证券价格的影响问题就是证券市场有效性的问题。分析师实地调研一方面通过私有信息的挖掘使企业信息更充分地披露给投资者；另一方面由于证券交易所要求调研结束后 2 个交易日内向公众发布调研内容，这使企业信息能及时传递给投资者。凭借专业的信息收集和分析能力，证券分析师降低了整个市场的信息获取成本，提高了市场定价效率（郑方镰，2009）。所以有效市场假说为分析师实地调研的影响研究提供了重要的理论依据。

3.2.5　行为金融理论

　　行为金融理论源于对理性人假设和有效市场理论的质疑，认为资本市场中投资者和企业管理层的非理性会影响企业的财务决策。行为金融理论批判地继承了有效市场理论中合理的部分。行为金融理论的主要成就有前景理论、投资者关注和认知偏差理论等。Simon（1971）指出当今经济社会的信息富裕问题引起了新的稀缺，人们的注意力被海量信息消耗，造成了注意力的匮乏。随着互联网技术的发展，投资者在资产组合决策时会遇到信息过多和信息处理能力不足的问题。在具有大量信息的环境下，个体同时完成多项任务时，注意力会受到干扰，导致关注的有限性，从而降低个体的信息处理能力（Kahneman，1973）。在股票市场中，由于时间、能力与精力的有限性，投资者不可能对所有股票投资进行充分分析，从而制约了其信息处理能力，导致有限关注偏差（Aboody et al.，2010）。而集中关注是投资者关注配置的另一种极端情形，投资者倾向于将购买决策集中于自己关注的股票上（Barber and Odean，2008）。通常，有限关注和集中关注是同时存在的，二者均属于投资者关注配置的极端情形。投资者关注不仅对市场反应产生显著影响，而且对其他市场参与者也会产生影响，并最终形成合力引起市场变化。虽然有成千上万只股票可供投资者选择，但是人的认知能力有限，投资者只会选择那些吸引其关注的股票（Baber and Odean，2008）。投资者关注度越高，公司信息透明度提高，信息不对称程度下降，从而降低股价波动率和提高股票流动性（岑维等，2014），有助于降低企业权益融资成本。尤其是机构投资者关注会对被关注公司投资策略产生影响，抑制企业由委托代理问题和信息不对称引起的非效率投资，对公司投资活动起到监督的作用（岑维等，2017）。胡淑娟和黄晓莺（2014）发现机构投资者调研促进了调研公司股票交易量增加，股票市场交易更为活跃，股票流动性更强。同时，投资者关注也提高了分析师预测的准确性（王明伟等，2017）。

　　Kahneman（1973）认为人的某些行为与传统理论中的投资决策模型的基本假设相矛盾，例如风险态度、心理账户和过度自信这三个方面。根据现代认知心理学，人是信息传递的媒介和信息加工系统，认知活动是对信息的加工处理过程以及对客观事物特征和变化的反映。同时，人的认知过程是对信息的加工处理过程。然而，在认知过程中，人并不是完全理性的，在判断和思考中遵循着有限理性的方式，使认知过程变得并不完美，而认知偏差是认知过程不完美的重要表现。信息获取和信息加工是投资者制定决策的前提，通过将外部的物理信号转化为投资者能识别的认知信号，然后依据认知信号进行判断和思考。然而，在信息加工处理的过程中，由于认知偏差使投资者的投资决策过程偏离了最优，进而使资本市场上的股票价格的变化与基于有效市场理论建立的最优决策模型不一致。Brav等（2004）采用问卷的方法调查美国上市公司的384名CFO，结果显示几乎80%的CFO认为当公司股票价格被低估时，公司进行股票回购的概率提高了。这表明投资者的错误估计与公司的股权融资决策之间存在着紧密的联系。投资者错误估计的概率越高，公司融资越倾向于发行股票。Merton（1987）认为在信息不对称市场中，投资者对所有的证券都有充分的认知是不可能的。但是，外界条件的变化有可能改变投资者的认知程度，改善信息不对称问题。证券分析师作为资本市场中专业的信息解读者，分析师跟踪使上市公司信息披露增加，信息环境得到改善，促进了上市公司投资者基础的改变，从而降低权益融资成本（肖斌卿等，2010）。

第4章 分析师实地调研对企业融资约束的影响

国务院发展研究中心发布的一份调查报告表明，融资约束问题制约着中国企业的发展，而降低上市公司和投资者之间的信息不对称程度是解决融资约束问题的关键。分析师实地调研为降低二者之间的信息不对称程度提供了一个有效的渠道。俗语说"百闻不如一见"，实地调研为投资者提供了亲自前往上市公司总部和生产线进行参观考察的机会，是投资者与管理层接触并获取私有信息的主要渠道（Solomon and Soltes，2015；Cheng et al.，2016）。根据国泰安数据库的资料统计，参与实地调研的深圳证券交易所上市公司从2013 的 943 家上升到 2018 年的 1112 家，且每家公司年平均被调研次数为 5 次，这表明实地调研越来越成为投资者获取公司信息的重要途径。我国上市公司投资者实地调研参与对象主要是机构投资者，包括证券公司、基金公司、保险公司等。证券公司是机构投资者实地调研的主体，其中，分析师是证券公司的雇员，其职责是为买方机构投资者提供有价值的研究报告以及对其任职的证券公司的投行业务、经纪业务提供支持。所以，分析师是上市公司实地调研的重要参与者。本书选取证券公司任职的分析师作为调研主体展开研究。已有文献表明，分析师实地调研能够充分挖掘市场上未公开的公司信息，提高其预测准确性（贾琬娇等，2015；Han et al.，2018）。此外，分析师实地调研行为也会引发强烈的市场反应，降低公司的股价同步性（曹新伟等，2015）。然而，关于分析师实地调研对企业融资约束影响的研究尚待充实。分析师实地调研是否会对企业融资约束产生影响？如果产生影响，分析师实地调研如何影响企业的融资约束？分析师实地调研内容的差异对融资约束的影响是否相同？这些问题都有待回答。鉴于此，本章从理论上探讨分析师实地调研对企业融资约束的影响及其内在机理。以深圳证券交易所上市公司2013~2018 年的数据为样本，检验分析师实地调研与企业融资约束二者之间的关系。

4.1 分析师实地调研对企业融资约束的总体影响

4.1.1 理论分析与研究假设

传统的融资约束理论认为信息不对称、代理问题和交易成本是融资约束的主要原因。而分析师实地调研可以发挥信息效应、监督效应和信号传递效应，进而缓解企业融资约束。

首先，分析师实地调研能够发挥信息效应，即分析师实地调研能够降低上市公司与投资者之间的信息不对称程度，进而缓解企业融资约束。基于信息不对称理论，市场经济中的交易者拥有的信息不仅不充分，而且交易者之间的信息分布不均匀，这将严重地影响市场运行效率。而分析师实地调研可以改变交易者之间信息分布不平衡的状况。一方面，投资者作为资金共给方对企业的基本信息掌握的较少，处于信息劣势，而上市公司管理层却具有信息优势。分析师实地调研可以多角度地获取上市公司信息，进而削弱管理层的信息优势。实地调研是分析师挖掘上市公司私有信息的重要渠道。在调研过程中，分析师能有效挖掘市场上未公开的信息，既为投资者提供了增量信息，又提高了自身盈余预测准确性（贾琬娇等，2015），进而降低投资者信息风险。而且调研越频繁，调研信息对投资者的决策越有效。另一方面，分析师利用自身的行业专长改变投资者的认知，能够提高投资者的决策效率。Merton（1987）认为信息是不完全的，并不是所有投资者对每项资产都充分了解，而且人的认知能力是有限的。由于缺乏投资者的正确认知，在平衡的资本市场里企业价值是被低估的。作为拥有专业背景的经验人士，分析师可以利用比较优势对公司信息进行筛选和分析，并以浅显易懂的方式传递给广大投资者，使投资者改变对上市公司已有的认知。当更多分析师关注某只股票时，这只股票的预期平均收益会更加稳健，股价的估值就更加公平稳定（孙多娇和杨有红，2018）。因此，增加分析师实地调研次数，可以使公司更多的私有信息释放出来，提高公司信息透明度，进而缓解企业的融资约束。

其次，分析师实地调研能够发挥监督效应，即分析师实地调研能够有效监督管理层，缓解管理层与投资者之间的代理冲突，进而缓解企业融资约束。委托代理理论认为委托人与代理人签订契约关系之后，由于信息的不对称，委托人观测不到代理人的行为而导致代理人存在道德风险问题。在资金借贷市场中，资金供给方很少直接参与企业的生产经营管理，所以无法对经营者的资金使用情况进行有效的监督。而分析师实地调研能够对管理层产生一定的监督效应。一方面，分析师实地调研能有效抑制管理层机会主义行为。实地调研日益成为分析师与上市公司管理层进行私下沟通的日常活动，这也使得上市公司经常性地被动接受分析师监督。为避免由此带来的负面影响，公司的生产经营或其他活动会趋于规范，管理层也会抑制其盈余管理水平。当企业定期发布的公告无法满足投资者信息需求的时候，分析师实地调研可以获取更为及时、相关的信息，以及通过与公司管理层的对话，降低公开信息的不确定性，进而减少管理层机会主义的动机（贾琬娇等，2015）。另一方面，分析师实地调研使管理层薪酬契约更有效。实地调研使外部投资者更加及时、准确地了解公司的运营情况，并对管理层的努力程度及其业绩进行合理评价，进而更有效地监督高管，抑制管理层权力滥用、获取超额薪酬的动机，从而使薪酬契约的制定更加合理。Chen 等（2015）发现分析师关注限制了管理者的超额薪酬。而我国外部投资者以散户为主，其监督企业管理者的动力和能力都十分有限，分析师作为专业的机构投资者可以通过实地调研、电话会议等方式对管理者直接监督，减少管理者有损企业价值的行为（Healy and Palepu，2001）。由于实地调研为分析师和管理层互动提供了机会，所以实地调研次数越多，分析师对管理层监督力度越大，越能有效缓解代理冲突问题，从而缓解企业融资约束。

最后，分析师实地调研能够发挥信号传递效应，即分析师实地调研向外界传递调研公司未来业绩增长的信号，吸引投资者关注，提高股票流动性，降低交易成本，进而缓解企业融资约束。基于信号传递理论，采取某种行动的企业向市场传递着消极或积极的信号。一方面，接受分析师实地调研的企业往往是具有一定发展前景的企业，企业通过分析师实地调研向外部资本市场进行信号传递，表达出具有良好发展潜力的信号。由于在成本约束下并不是每家被分析师关注的公司都会被分析师实地调研。Cheng 等（2019）发现业绩好的公司以及前一年度股票回报率较高的公司更有可能被分析师调研，进而促进投资者关注度的增加。另一方面，分析师对企业的关注推动了信息在资本市场上更有效的传递，使得资源配置更加合理有效。Barth 和 Hutton（2004）发现分析师跟踪人数越多的公司，投资者对信息的反应速度越快。作为上市公司投资者关系管理的一个重要组成部分，分析师关注可以提高股

分析师实地调研与企业融资约束

票的流动性，降低投资者逆向选择成本以及讨价还价等其他成本（Brennan 和 Tamarowski，2000）。而且良好的投资者关系可以吸引基金公司注入资本（林斌等，2005），进而缓解企业融资约束。基于投资者关注理论，海量信息消耗了人们的注意力，造成了注意力的匮乏。投资者有限的关注度导致其信息处理能力的降低。作为资本市场中专业的信息解读者，分析师实地调研不仅向投资者提供了增量信息，而且其专业的宏观分析、行业分析以及股票市场分析提高了投资者的决策效率，故分析师实地调研行为也会吸引投资者的关注。投资者关注度越高，公司信息透明度提高，进而引起股票流动性的变化，股票交易成本下降，企业资本成本也随之下降。因此，分析师实地调研通过吸引投资者关注、提高股票流动性来影响投资者对企业未来风险的预测，进而对企业融资约束产生影响。随着分析师实地调研次数的增加，企业私有信息挖掘的越来越多，投资者面临的交易风险逐渐下降，从而促使股票流动性提高，企业融资约束问题得到缓解。

基于以上分析，本书提出以下假设：

H1：分析师实地调研次数的增加可以缓解上市公司融资约束。

已有研究表明投资者涉及会计和财务主题的调研会对公司股票价格产生显著影响（Cheng et al.，2019）。这表明投资者不仅关注调研频率，而且关注调研内容。分析师实地调研主要关注企业战略、投资、融资、业绩、股权结构以及行业地位等方面的内容。每次调研分析师几乎都会提及企业战略问题。分析师之所以如此关注战略问题，一是战略信息具有前瞻性和全面性，可以降低企业和外部信息使用者之间的信息不对称程度。作为重要的非财务信息，战略是从宏观角度对企业的未来整体发展方向做规划，目的是在激烈的市场竞争中开发核心竞争力，保证企业的可持续发展。因此，战略制定的正确与否直接影响企业未来的发展状况，影响分析师预测准确性（刘会芹和施先旺，2018）。当上市公司财务信息不能满足投资者的使用和评价时，上市公司更多地发布自身对宏观和行业环境的判断性和预测性信息以及公司自身的非财务信息，能够帮助利益相关者做出更加科学合理的决策。所以，战略主题的非财务信息披露向投资者传递更加全面和完整的决策信息，降低了企业的信息不对称程度，缓解企业融资约束。二是战略信息传递了管理层对公司未来的期望和融资需求。一方面，公司有关战略信息的披露会增强市场对公司的投资信心（刘会芹和施先旺，2018）。当管理层对公司未来充满信心时，这种信心也为投资者树立了坚定的投资信念。另一方面，作为企业全局性和长远性的规划，企业战略是企业一系列决策的起点和基础，也决定了企业资源分配方式。采用进攻型战略的公司，由于其经营行为较为激进，因此其融资需求通常高于采用防御型战略的公司，而采用防御型战略的公司现金流水平会优于采用进攻型战略的公司（Inner et al.，1997）。所以战略信息不仅向外界传递了公司的融资需求，而且传递了管理层对公司未来的信心。这种信号传递使公司信息更加公开透明，既赢得了投资者的信赖，又降低了上市公司价值被低估的风险。战略信息的传递功能也改变了分析师对上市公司信息分析的侧重点和风险评估的信息权重，进而影响分析师的信息感知能力和投资者的行为选择。

上市公司融资决策是其财务管理的重要内容之一。锚定与调整法则认为人们在面对事物需要决策时，通常先设定一个最容易获得的信息作为判断的初始值，随后的目标值以初始值为基础并结合其他信息上下调整而得出（Tversky and Kahneman，1974）。而融资主题调研信息的披露与企业融资决策最相关，也易受到投资者的关注。因为涉及融资主题的调研更有针对性，能使投资者了解企业融资需求、融资方式、融资计划和融资活动进展情况。只有真正了解企业的融资需求才能更好地解决企业融资约束问题。Higgins 和 Brendan（1992）认为上市公司开展投资者关系管理活动能够提高公司可信度，提升投资者的满意度和忠诚度，最终提升公司整体形象。实地调研作为一种重要的投资者关系管理活动之一，分析师通过与企业高管之间坦率、及时的沟通可以避免信息不畅导致的投资者逆向选择问题。相比其他调研内容，融资主题信息包含更深入和更全面的融资活动相关讨论，使潜在的投资者了解公司资金需求与配置情况，正确预测投资风险。所以，涉及融资主题的调研信息及时公开，提高公司信息透明度进而缓解企业融资约束。

基于以上分析，本书提出以下假设：

H2：调研内容涉及战略主题和融资主题可以缓解企业融资约束。

4.1.2 研究设计

4.1.2.1 样本选择

由于只有深圳证券交易所强制要求上市公司披露投资者调研情况，且在深交所网站互动易中的"投资者关系"平台能够查询到的上市公司实地调研数据最早年份是 2012 年，但样本量相比其他年份要少很多，故本书选取 2013~2018 年深市 A 股上市公司作为研究样本，并做如下处理：①剔除了金融保险行业的上市公司；②剔除了样本期间财务数据缺失的上市公司；③剔除了样本期间 ST 和 ＊ST 企业；④剔除了如电话沟通、书面询问、投资策略会、业绩说明会、路演活动和在线沟通等投资者调研形式，本书对分析师实地调研定义为分析师前往公司办公楼和厂房等公司日常生产经营的直接场所。因为实地调研为投资者提供了一个观察企业运营和生产设施的机会，使调研者能够更加及时地获取公司经营信息，也能够反映分析师调研行为的动机和主动性。通过上述处理最终得到 6772 个样本观测值。数据主要来源于国泰安数据库和万德数据库。

4.1.2.2 关键变量的界定

（1）融资约束。

根据 Almeida 等（2004）的观点，与非融资约束企业相比，融资约束企业会出于预防性动机将更多的现金流以现金或现金等价物的形式留存于企业内部，从而表现出更为强烈的"现金—现金流敏感性"。国内研究大多数采用"现金—现金流敏感性"模型对企业融资约束进行度量。因此，本书采用现金—现金流敏感性来衡量企业的融资约束。借鉴 Almeida 等（2004）的研究构建基准模型如下：

$$\Delta Cash_{i,t} = a_0 + a_1 CF_{i,t} + a_2 Size_{i,t} + a_3 Expe_{i,t} + a_4 \Delta Nwc_{i,t} + a_5 \Delta SD_{i,t} + a_6 TQ_{i,t} +$$
$$a_7 MP_{i,t} + a_8 SOE_{i,t} + a_9 First_{i,t} + a_{10} Growth_{i,t} + a_{11} ROA_{i,t} + a_{12} Inditor_{i,t} +$$
$$\sum Year + \sum Ind + \varepsilon_{i,t} \tag{4.1}$$

其中，因变量 $\Delta Cash$ 是企业持有现金及其等价物的变化额。自变量 CF 是企业经营活动的现金流量净额。借鉴吴秋生和黄贤环（2017）的做法，控制变量选择：企业规模 $Size$；资本支出 $Expe$；净营运资本变动 ΔNwc；短期负债变动 ΔSD；投资机会 TQ；货币政策宽松程度 MP；产权性质 SOE；股权集中度 $First$；成长性 $Growth$；总资产收益率 ROA；独立董事比例 $Inditor$。$\sum Year$ 是时间虚拟变量，$\sum Ind$ 是行业虚拟变量，ε 是误差项。模型（4.1）中，系数 a_1 代表现金—现金流敏感性，企业受到的融资约束越大，现金—现金流敏感性越大。由于受融资约束的企业会在现金流中保留更大比例的现金资产，从而使企业的现金流量和现金持有量二者保持正相关关系，即 a_1 显著为正。而没有受到融资约束的企业自有现金流中现金资产的留存比例依赖性不强，所以对于不受融资约束的企业，CF 的回归系数不显著，因此，根据此基准模型可以识别企业的融资约束情况。在稳健性检验中，采用投资—现金流敏感性衡量融资约束。

（2）分析师实地调研。

本书的解释变量主要是用来度量分析师对上市公司实地调研行为，包括调研次数和调研内容。借鉴曹新伟等（2015）的研究，采用分析师对上市公司调研次数（*VisitN*）作为分析师实地调研的代理变量；借鉴 Cheng 等（2019）对调研内容的分类方法，本书主要研究调研内容是否涉及融资（*RZ*）和战略（*ZL*）主题。如果调研内容涉及企业融资相关的主题，*RZ*=1，否则为 0；如果调研内容涉及企业战略相关的主题，*ZL*=1，否则为 0。各变量定义如表 4-1 所示。

表 4-1　变量定义

变量类型	变量名称	变量符号	变量说明
因变量	现金持有量的变动	$\Delta Cash$	现金及现金等价物净增加额/期初总资产
	投资支出	*Inv*	购买固定资产、无形资产和其他长期资产所支付的现金/年初固定资产总额
自变量	现金流	*CF*	经营活动产生的现金净流量/期初总资产
	调研次数	*VisitN*	分析师对上市公司实地调研的次数
	调研文本信息特征	*VisitT*	文本信息语气＝（积极词数量−消极词数量）/（积极词数量+消极词数量）。*VisitT* 值越大，代表分析师实地调研传递的信息越积极。
		Pos	调研文本积极词数量
		Neg	调研文本消极词数量
		RZ	如果调研内容涉及企业融资相关的主题，*RZ* 取值为 1，否则为 0
		ZL	如果调研内容涉及企业战略相关的主题，*ZL* 取值为 1，否则为 0
		IS	调研中对企业战略问题提及的次数
控制变量	企业规模	*Size*	期末资产的自然对数
	资本支出	*Expe*	购买固定资产、无形资产以及其他长期资产支付的现金/期初总资产
	净营运资本的变动	ΔNWC	净营运资本的变动/期初总资产
	短期债务的变动	ΔSD	短期债务的变动/期初总资产
	投资机会	*TQ*	总市值/期末总资产
	货币政策宽松程度	*MP*	M2 增长率−名义 CDP 增长率
	产权性质	*SOE*	当上市公司为国有控股时取 1，否则取 0

变量类型	变量名称	变量符号	变量说明
控制变量	股权集中度	*First*	第一大股东持股比例
	营业收入增长率	*Growth*	当年度营业收入与上年度营业收入之差除以上年度营业收入
	总资产收益率	*ROA*	净利润/平均总资产
	独立董事比例	*Inditor*	独立董事人数/董事会人数
	资产负债率	*LEV*	期末负债/期末资产
	账面市值比	*MB*	权益账面价值/权益市场价值
	年份	*Year*	年份虚拟变量
	行业	*Ind*	行业虚拟变量

4.1.2.3　模型设计

为了检验分析师实地调研对企业的现金—现金流敏感性的影响，在模型（4.1）的基础之上，构建实证模型如下：

$$\Delta Cash_{i,t} = a_0 + a_1 CF_{i,t} + a_2 Visit_{i,t} + a_3 Visit_{i,t} \times CF_{i,t} + a_4 Size_{i,t} + a_5 Expe_{i,t} + a_6 \Delta Nwc_{i,t} +$$
$$a_7 \Delta SD_{i,t} + a_8 TQ_{i,t} + a_9 MP_{i,t} + a_{10} SOE_{i,t} + a_{11} First_{i,t} + a_{12} Growth_{,t} +$$
$$a_{13} ROA_{i,t} + a_{14} Inditor_{i,t} + \sum Year + \sum Ind + \varepsilon_{i,t} \qquad (4.2)$$

其中，解释变量 *Visit* 分别代表分析师实地调研次数（*VisitN*）、实地调研涉及的融资主题（*RZ*）、实地调研涉及的战略主题（*ZL*）。主要关注交乘项 *Visit*×*CF* 的系数 a_3 的符号和显著性。若 a_3 显著为负，则表明分析师实地调研缓解了企业的融资约束；若 a_3 显著为正，则表明分析师实地调研加剧了企业的融资约束。

4.1.3　实证结果与分析

（1）描述性统计。

从表4-2可以看出，样本中现金持有量变动（$\Delta Cash$）的均值为0.0248，标准差为0.173，最小值为-0.739，最大值为2.99，说明样本中各公司的现金持有量变动差异较小。现金流（*CF*）的均值为0.0519。分析师实地调研次数（*VisitN*）的最大值为54，最小值为1，说明不同公司的分析师实地调研情况存在较大的不同；平均来看，样本公司每年接受分析师实地调研次数为4.78。从调研内容来看，涉及企业融资主题（*RZ*）的均值为0.406，说明每次调研中融资问题被关注的概率为 40.6%；涉及企业战略主题（ZL）的均值为 0.967，说明每次调研中战略问题被关注的概率为 96.7%；调研文本中积极词汇数量（Pos）的均值为 158，消极词汇数量（Neg）的均值为 31.9，积极词汇数量大约是消极词汇数量的 5 倍。

表 4-2 描述性统计

变量	样本	均值	最大值	最小值	25%分位	中位数	75%分位	标准差
$\Delta cash$	6772	0.0248	2.99	−0.739	−0.039	0.0034	0.0533	0.173
CF	6772	0.0519	1.02	−4.05	0.0064	0.0512	0.0991	0.114
$Size$	6772	21.8	28.9	18.5	21.1	21.7	22.4	1.09
$Expe$	6772	0.0674	3.04	0.000	0.0214	0.0451	0.0872	0.0871
ΔNwc	6772	0.0687	9.55	−4.89	−0.046	0.0118	0.0859	0.349
ΔSD	6772	0.0901	24.1	−1.53	−0.009	0.0383	0.126	0.428
TQ	6772	3.09	31.6	0.0471	1.57	2.41	3.8	2.5
MP	6772	−1.88	1.53	−5.46	−2.4	−2.13	−0.51	2.14
SOE	6772	0.167	1	0	0	0	0	0.373
$First$	6772	32.7	89.4	3	21.8	30.6	41.5	13.9
$Growth$	6772	0.357	363	−0.988	0.0135	0.152	0.324	4.83
ROA	6772	0.0481	0.59	−1.02	0.0214	0.0453	0.0746	0.0613
$Inditor$	6772	0.376	0.75	0.143	0.333	0.333	0.429	0.0558
$VisitN$	6772	4.78	54	1	2	3	6	4.61
$VisitT$	6772	0.647	1	−1	0.543	0.673	0.778	0.194
Pos	6772	158	2637	0	42	95	196	204
Neg	6772	31.9	551	0	8	18	40	41.3
RZ	6772	0.406	1	0	0	0	1	0.491
ZL	6772	0.967	1	0	1	1	1	0.18

（2）自变量之间的相关关系。

表 4-3 列示了各自变量之间的相关系数，从中可以看出所有解释变量之间相关系数均小于 0.5，表明自变量之间不存在明显的多重共线性问题。

表 4-3 自变量之间的相关性分析

变量	CF	Size	Expe	ΔNuc	ΔSD	TQ	MP	SOE	First	Growth	ROA	Inditor	visitn	visitT	RZ	ZL
CF	1															
Size	-0.0007	1														
Expe	0.1188*	-0.027*	1													
ΔNuc	-0.032*	-0.084*	-0.0470*	1												
ΔSD	-0.055*	-0.036*	0.0598*	0.1162*	1											
TQ	0.1401*	-0.465*	0.0571*	0.2072*	0.0303*	1										
MP	0.0176	0.0970*	-0.0083	-0.064*	0.0196	-0.053*	1									
SOE	0.0038	0.2052*	-0.0744*	-0.039*	-0.035*	-0.126*	-0.139*	1								
First	0.0488*	0.0639*	0.0126	-0.026*	-0.0122	0.0139	-0.0096	0.1068*	1							
Growth	-0.0221	0.0116	0.0329*	0.0870*	0.0148	0.0100	0.0041	-0.0093	-0.0046	1						
ROA	0.3195*	-0.065*	0.0743*	0.1399*	-0.0057	0.2581*	-0.044*	-0.059*	0.0913*	0.0208	1					
Inditor	-0.0033	-0.0116	-0.0061	0.0035	0.0077	0.0481*	0.0185	-0.08*	0.0468*	-0.0107	-0.0283*	1				
VisitN	0.0494*	0.1315*	0.0334	-0.031*	-0.0033	-0.0185	-0.033*	0.0136	0.0047	-0.0109	0.1160*	-0.0163	1			
VisitT	-0.057*	0.0616*	-0.0250*	0.0091	-0.0041	-0.0178	0.0009	-0.032*	-0.032*	0.0219	-0.0141	0.0228	0.0458*	1		
RZ	-0.071*	0.1800*	-0.0128	-0.04*	-0.0015	-0.103*	0.0333*	0.0256*	0.0054	-0.0063	-0.0456*	-0.008	0.2221*	-0.0088	1	
ZL	0.004	0.0156	0.0147	-0.0004	0.003	0.0439	-0.0134	-0.073	-0.0164	0.0073	0.0304	0.0054	0.1202*	0.1152*	0.0849*	1

注：****、***、**、*分别表示在1%、5%、10%的水平下显著。

（3）回归结果分析。

表 4-4 列示了采用普通最小二乘法并控制异方差的回归结果，其中第（1）列是基准模型（4.1）的回归结果，在控制行业和年份的情况下，*CF* 的回归系数在 1% 的水平上显著为正，表明样本企业存在着显著的融资约束。第（2）、第（3）、第（4）列是根据模型（4.2）的回归结果，第（2）列 *CF×VisitN* 的回归系数在 1% 的水平上显著为负，说明分析师实地调研次数越多，企业融资约束水平越低。该结果与假设 H1 一致。第（3）列中交乘项 *CF×RZ* 的回归系数在 1% 的水平上显著为负，说明涉及融资主题的调研信息缓解了企业融资约束；第（4）列中交乘项 *CF×ZL* 的回归系数不显著，说明涉及战略主题的调研对企业融资约束没有产生显著影响。该结果表明假设 H2 得到部分验证。战略主题的调研对企业融资约束没有显著影响，可能的原因在于：一方面由于战略主题的调研占总样本的 96.7%，自变量的离散程度较低；另一方面涉及战略主题调研信息并不明确造成的。因此，后文我们进一步针对涉及战略主题的调研样本展开深入探究。

表 4-4　分析师实地调研与企业融资约束的回归结果

变量	(1)	(2)	(3)	(4)
	$\Delta Cash$	$\Delta Cash$	$\Delta Cash$	$\Delta Cash$
CF	0.116***	0.202***	0.308***	−0.248
	(7.38)	(8.25)	(5.04)	(−1.29)
VisitN		0.0008*		
		(1.70)		
CF×VisitN		−0.0188***		
		(−4.58)		
RZ			0.0175***	
			(3.17)	
CF×RZ			−0.300***	
			(−3.12)	
ZL				−0.0157
				(−0.94)
CF×ZL				0.298
				(1.32)

续表

变量	(1)	(2)	(3)	(4)
	ΔCash	ΔCash	ΔCash	ΔCash
Size	0.0088***	0.0091***	0.008***	0.014***
	(4.56)	(4.64)	(3.97)	(6.91)
Expe	0.243***	0.242***	0.230***	0.152***
	(12.41)	(12.37)	(3.64)	(4.01)
ΔNwc	0.291***	0.292***	0.283***	0.405***
	(58.42)	(58.58)	(10.63)	(18.11)
ΔSD	0.0055	0.005	0.006	0.0095
	(1.40)	(1.37)	(0.34)	(0.93)
TQ	−0.0013	−0.0014	−0.0017	0.001
	(−1.45)	(−1.53)	(−1.27)	(0.80)
MP	0.0066***	0.0065***	0.0066***	0.0015*
	(3.63)	(3.55)	(4.03)	(1.92)
SOE	−0.0015	−0.0012	−0.0012	−0.0005
	(−0.30)	(−0.25)	(−0.29)	(−0.14)
First	−0.0003**	−0.0003**	−0.0003***	−0.0004***
	(−2.56)	(−2.51)	(−2.61)	(−3.49)
Growth	0.0004	0.0004	0.0004	0.0004
	(1.25)	(1.25)	(1.41)	(0.95)
ROA	−0.0491	−0.0466	−0.0899*	−0.114*
	(−1.63)	(−1.54)	(−1.83)	(−1.67)
Inditor	−0.0301	−0.0301	−0.0268	−0.0168
	(−1.01)	(−1.01)	(−0.99)	(−0.60)
_cons	−0.201***	−0.209***	−0.190***	−0.280***
	(−4.35)	(−4.48)	(−4.00)	(−5.65)
Year	控制	控制	控制	控制
Ind	控制	控制	控制	控制
N	6772	6772	6772	6772
adj. R-sq	0.383	0.385	0.391	0.370

注：***、**、*分别表示在1%、5%、10%的水平下显著。

4.1.4　稳健性检验

（1）改变融资约束的度量方法。

采用回归系数法度量企业融资约束除了现金—现金流敏感系数以外，还有一种常用的指标是投资—现金流敏感性。Fazzari 等（1988）认为在不完美的资本市场上，内外部融资成本的差异会导致企业的投资支出显著依赖其内部现金流。当企业面临融资约束时，企业投资支出更多地依赖于内部现金流，表现出更高的投资—现金流敏感性。因此，本书采用投资—现金流敏感性衡量融资约束进行稳健性检验，借鉴沈红波等（2010）的做法构建实证模型：

$$Inv_{i,t} = a_0 + a_1 CF_{i,t} + a_2 Visit_{i,t} + a_3 CF_{i,t} \times Visit_{i,t} + a_4 Size_{i,t} + a_5 LEV_{i,t} + a_6 TQ_{i,t} +$$
$$a_7 MB_{i,t} + \sum Year + \sum Ind + \varepsilon_{i,t} \tag{4.3}$$

其中，被解释变量 Inv 为投资支出。如果在模型（4.3）中，CF 的系数 a_1 显著为正，交乘项 $CF \times Visit$ 的系数 a_3 显著为负，则表明假设 H1 和 H2 的结论是稳健的。

表 4-5 列示了采用投资—现金流敏感性重新度量融资约束的回归结果，第（1）列 CF 的回归系数在 1% 的水平上显著为正，交乘项 $CF \times VisitN$ 的回归系数在 10% 的水平上显著为负，表明分析师实地调研次数与企业融资约束负相关。假设 1 仍然成立。第（2）列 CF 的回归系数在 1% 的水平上显著为正，交乘项 $CF \times RZ$ 的回归系数在 1% 的水平上显著为负，第（3）列交乘项 $CF \times ZL$ 的回归系数并不显著，再次说明涉及融资主题的分析师调研可以显著缓解企业融资约束，而涉及战略主题的调研对融资约束的缓解作用不明显。假设 2 得到部分验证。

表 4-5　改变融资约束度量方法的回归结果

变量	（1）	（2）	（3）
	Inv	Inv	Inv
CF	0.0984 ***	0.137 ***	−0.209
	（6.71）	（9.12）	（−0.74）
$VisitN$	0.0059 ***		
	（3.19）		

变量	(1)	(2)	(3)
	Inv	Inv	Inv
$CF×VisitN$	−0.0048 *		
	(−1.95)		
RZ		0.0054 **	
		(2.26)	
$CF×RZ$		−0.0947 ***	
		(−5.07)	
ZL			−0.017⁻
			(−0.99）
$CF×ZL$			0.295
			(1.05)
$Size$	0.0011	0.0013	0.0019
	(0.79)	(0.92)	(0.85)
LEV	0.0581 ***	0.0580 ***	0.0572 ***
	(8.47)	(8.44)	(3.72)
TQ	0.0031 ***	0.0029 ***	0.0031 ***
	(5.67)	(5.22)	(4.54)
MB	−0.0058 ***	−0.0059 ***	−0.0061 ***
	(−3.51)	(−3.61)	(−3.71)
$\_cons$	0.0577 *	0.0601 **	0.0633
	(1.91)	(2.00)	(1.38)
$Year$	控制	控制	控制
Ind	控制	控制	控制
N	6772	6772	6772
$adj.\ R-sq$	0.056	0.058	0.059

注：***、**、*分别表示在1%、5%、10%的水平下显著。

（2）内生性问题。

一方面，前文的研究结果显示，分析师实地调研与企业融资约束在统计学上具有显著负相关关系，但是分析师更有可能获得信息透明度高的上市公司批准进行走访调研，而这类公司往往融资约束程度较低，所以结论可能存在因果倒置的问题。为了解决此内生性问题，借鉴田轩等（2017）的做法，采用上市公司所在地是否开通高铁（GT）作为工具变量，进行两阶段最小二乘（2SLS）回归分析。分析师前往上市公司调研的时间成本会因高铁开通而下降，因此，如果上市公司所在城市开通高铁，会增加上市公司被分析师调研的频率；而每个城市是否以及何时开通高铁与微观企业的决策相独立，特别是融资决策，因此，高铁开通这一工具变量也满足外生性要求。

　　表 4-6 列示了 2SLS 的相关检验与回归结果。首先，进行异方差稳健的 DWH 检验，P 值分别为 0.0127 和 0.0128，在 5% 的水平下拒绝了分析师实地调研变量外生的原假设，说明统计上确实存在内生性问题。进一步地，进行弱工具变量检验的结果显示 F 值为 72.35，大于 10，且 P 值为 0.0000，拒绝了存在弱工具变量的原假设。2SLS 的回归结果显示，第一阶段高铁开通显著促进分析师实地调研次数的增加，第二阶段交乘项 CF×VisitN 的系数在 1% 的水平上显著为负，表明分析师实地调研确实缓解了企业融资约束。研究结论与假设 H1 结果一致。

表 4-6　工具变量 2SLS 回归结果

变量	(1)	(2)
	第一阶段	第二阶段
	VisitN	*ΔCash*
GT	1.114 ***	
	(9.52)	
VisitN		0.011 **
		(2.49)
CF		0.424 ***
		(3.30)
CF×VisitN		−0.070 ***
		(−2.91)
Size	0.943 ***	0.005
	(10.70)	(1.37)
Expe	0.936	0.218 ***
	(1.36)	(3.27)

续表

变量	(1) 第一阶段 VisitN	(2) 第二阶段 $\Delta Cash$
ΔNwc	-0.497^{***} (-3.86)	0.298^{***} (10.68)
ΔSD	-0.0456 (-0.47)	0.006 (0.34)
TQ	0.0645^{**} (2.37)	-0.001 (-0.49)
MP	-0.529^{***} (-8.61)	0.011^{***} (4.30)
SOE	-0.485^{***} (-2.92)	0.001 (0.33)
$First$	-0.00954^{**} (-2.42)	-0.000^{**} (-2.35)
$Growth$	-0.0114^{***} (-2.63)	0.001 (1.59)
ROA	9.138^{***} (9.70)	-0.122^{*} (-1.92)
$Indtor$	-1.345 (-1.35)	-0.018 (-0.63)
$\_cons$	-17.31^{***} (-8.78)	-0.162^{***} (-2.60)
$Year$	控制	控制
Ind	控制	控制
N	6772	6772
$adj. R\text{-}sq$	0.083	0.336
弱工具变量检验		
Robust F-statistic (instruments)	72.35	
F-statistic p-value	0.0000	
DWH 检验		

续表

变量		（1）	（2）
		第一阶段	第二阶段
		VisitN	*ΔCash*
P-Value	Durbin	0.0127	
	Wu-Hausman	0.0128	

注：＊＊＊、＊＊、＊分别表示在 1%、5%、10% 的水平下显著。

另一方面，并不是所有的上市公司都会有分析师实地调研。对于制造业企业、市场份额较高的企业、规模较大的企业、盈利企业以及账面市值较高的企业，分析师前往实地调研的可能性较高（Cheng et al.，2019）。而这些企业自身融资约束程度相对较低。所以，仅选择有分析师实地调研的样本检验分析师实地调研与企业融资约束之间的关系，可能存在由于样本自选择产生的内生性。为了克服分析师实地调研自选择问题造成的偏差，借鉴 Cheng 等（2019）的做法，采用了 Heckman（1979）两阶段回归模型，具体模型如下：

$$P_r(Dvisit_{i,t}=1) = \alpha_0 + \alpha_1 Size_{i,t-1} + \alpha_2 Age_{i,t-1} + \alpha_3 LEV_{i,t-1} + \alpha_4 SOE_{i,t-1} + \alpha_5 GDP_{i,t-1} +$$
$$\alpha_6 Numfirm_{i,t-1} + \alpha_7 Manu_{i,t-1} + \alpha_8 MSHARE_{i,t-1} + \alpha_9 Profit_{i,t-1} +$$
$$\alpha_{10} Inst_{i,t-1} + \alpha_{11} Rate_{i,t-1} + Year + \varepsilon_{i,t} \tag{4.4}$$

$$\Delta Cash_{i,t} = a_0 + a_1 CF_{i,t} + a_2 VisitN_{i,t} + a_3 \ CF_{i,t} \times Visitn_{i,t} + a_4 Size_{i,t} + a_5 Expe_{i,t} +$$
$$a_6 \Delta Nwc_{i,t} + a_7 \Delta SD_{i,t} + a_8 TQ_{i,t} + a_9 MP_{i,t} + a_{10} SOE_{i,t} + a_{11} First_{i,t} +$$
$$a_{12} Growth_{i,t} + a_{13} ROA_{i,t} + a_{14} Inditor_{i,t} + \beta_{15}\lambda + \sum Year + \sum Ind + \varepsilon_{i,t} \tag{4.5}$$

其中，*Dvisit* 是分析师实地调研的虚拟变量，如果企业当年至少被分析师调研一次，取 1，否则为 0。模型（4.4）为第一阶段回归，根据 Cheng 等（2019）的做法，控制了公司规模（*Size*）、企业年龄（*Age*）、资产负债率（*LEV*）、产权性质（*SOE*）、上市公司所在城市 GDP 增长率（*GDP*）、被调研企业所在城市的上市公司的数量（*Numfirm*）、企业是否属于制造业企业（*Manu*）、市场份额（*MSHARE*）、企业是否盈利（*Profit*）、机构持股比例（*Inst*）、信息质量（*Rate*）等影响分析师实地调研决策的变量并且自变量取滞后一期，建立分析师实地调研的选择模型（Probit 回归），并估计逆米尔斯比率（Inverse Mills Ratio，IMP）。λ 为第一阶段模型（4.4）中计算的 *IMR*。利用第一步估计的逆米尔斯比率（*IMR*）引入主模型作为自变量，以检验和控制样本选择偏误问题。模型（4.5）中，如果交乘项 $CF \times VisitN$ 的回归系数 a_3 显著为负，即分析师实地调研次数的增加可以显著缓解企业融资约束。

表4-7列示了 Heckman 两阶段的回归结果，第（1）列是 Heckman 两阶段的第一阶段回归结果。第（1）列显示，LEV 的回归系数在1%的水平上显著为负，表明企业资产负债率越高，分析师实地调研的可能性越低；$Numfirm$ 的回归系数在1%的水平上显著为正，表明被调研企业所在城市的上市公司数量越多，降低分析师实地调研的单位成本，吸引更多分析师前往调研。第（2）列显示，λ 回归系数显著区别于0，说明模型存在样本自选择偏差，在控制分析师实地调研的自选择偏差后，$CF \times VisitN$ 的回归系数在1%的水平上显著为负，表明分析师实地调研次数的增加有助于企业融资约束水平的下降。

表4-7　Heckman 两阶段回归结果

变量	(1)	(2)
	Dvisit	ΔCash
CF		0.197***
		(8.02)
VisitN		0.0007
		(1.56)
CF×VisitN		−0.0160***
		(−3.86)
Size	0.0079	0.0074***
	(0.24)	(3.59)
SOE	−0.0228	−0.0009
	(−0.37)	(−0.18)
LEV	−0.597***	
	(−4.40)	
Age	−0.0134***	
	(−2.78)	
GDP	0.0031	
	(0.47)	
Numfirm	0.0009***	
	(3.78)	

续表

变量	（1） Dvisit	（2） ΔCash
Manu	0. 215 *** （4. 47）	
MSHARE	0. 154 （0. 84）	
Profit	0. 0675 （0. 91）	
Inst	0. 0088 ** （2. 23）	
Rate	0. 379 *** （5. 43）	
Expe		0. 225 *** （11. 15）
ΔNwc		0. 279 *** （55. 20）
ΔSD		0. 0072 * （1. 87）
TQ		−0. 0017 * （−1. 88）
MP		0. 0070 *** （3. 84）
First		−0. 0003 ** （−2. 01）
Growth		0. 0005 （1. 51）
ROA		0. 0114 （0. 33）
Inditor		−0. 0256 （−0. 87）

续表

变量	（1）	（2）
	Dvisit	ΔCash
λ		0.0685**
		（2.10）
_ cons	0.874	-0.204***
	（1.27）	（-4.28）
Ind		控制
Year	控制	控制
adj. R-sq		0.369
Log iikelihood	-1829.8751	
LR chi² （16）	166.49	
Prob>chi²	0.0000	
Pseudo R²	0.0447	
N	7012	6772

注：＊＊＊、＊＊、＊分别表示在1%、5%、10%的水平下显著。

4.2 分析师实地调研对企业融资约束影响的机理

前文理论分析中提出，分析师实地调研通过降低信息不对称程度、缓解委托代理问题和吸引投资者关注来缓解公司融资约束。接下来，我们直接检验这三种作用机理是否成立，为理论逻辑和研究结论提供进一步的经验证据。

4.2.1 信息效应

信息经济学理论认为，信息事件的影响和企业信息环境质量负相关。因此，企业信息环境的差异会影响分析师实地调研提供的增量信息的效率（黎文靖和潘大巍，2018）。当企业信息环境较差时，信息获取活动的边际效益较高，实地调研对企业融资约束的作用更强。对这类公司而言，投资者面临的信息不确定性较高，对企业未来风险的预测难度增加。而分析师实地调研具有信息优势，能够很好地降低公司因信息环境较差而导致投资者信息风险增加。而当公司的信息环境较好时，企业信息透明度较高，投资者自身获取的信息量增加，分析师实地调研通过改善信息环境缓解融资约束的治理作用可能并不明显。因此，笔者预期，分析师实地调研对公司融资约束的缓解作用在信息环境较差的公司更明显。

借鉴曹新伟等（2015）的做法，采用深圳证券交易所的信息披露质量评级，如果公司的信息披露质量考核结果为"优秀"，那么该公司属于信息透明度高组样本；如果公司的信息披露质量考核结果为"良好""及格""不及格"，那么该公司属于信息透明度低组样本。表4-8回归结果第（1）、第（2）列显示在信息透明度低的公司中，交乘项 $CF \times VisitN$ 的回归系数均在1%的水平上显著为负，而在信息透明度较高组中，交乘项 $CF \times VisitN$ 的回归系数在统计上不显著。因此，验证了本书的分析逻辑，分析师实地调研通过降低信息不对称来缓解融资约束的。

表4-8　分组检验的回归结果

变量	信息透明度高 (1) $\Delta cash$	信息透明度低 (2) $\Delta cash$	代理成本高 (3) $\Delta cash$	代理成本低 (4) $\Delta cash$	投资者关注高 (5) $\Delta cash$	投资者关注低 (6) $\Delta cash$
CF	0.319*** (5.78)	0.242*** (8.25)	0.295*** (6.39)	0.126*** (4.65)	0.304*** (8.43)	0.173*** (5.25)
$VisitN$	-0.0003 (-0.48)	0.0015*** (2.63)	0.0026*** (3.34)	-0.0004 (-0.79)	0.002*** (2.80)	-0.0004 (-0.71)
$CF \times VisitN$	-0.0006 (-0.10)	-0.0307*** (-5.67)	-0.0404*** (-5.56)	-0.0023 (-0.49)	-0.0433*** (-6.83)	0.0018 (0.35)
$Size$	0.0087*** (2.74)	0.0107*** (4.33)	0.0134*** (3.97)	0.006*** (2.69)	0.0151*** (4.03)	0.0046** (2.14)
$Expe$	-0.007 (-0.15)	0.273*** (12.44)	0.288*** (9.69)	0.181*** (7.06)	0.227*** (6.23)	0.167*** (8.14)
ΔNwc	0.222*** (16.71)	0.300*** (54.54)	0.311*** (40.88)	0.272*** (41.34)	0.347*** (47.65)	0.190*** (26.45)
ΔSD	0.0563*** (4.13)	0.0025 (0.60)	0.0480*** (5.52)	-0.008** (-2.10)	0.0182*** (3.44)	-0.0183*** (-3.11)

续表

变量	信息透明度高 (1) $\Delta cash$	信息透明度低 (2) $\Delta cash$	代理成本高 (3) $\Delta cash$	代理成本低 (4) $\Delta cash$	投资者关注高 (5) $\Delta cash$	投资者关注低 (6) $\Delta cash$
TQ	0.0011	−0.0016	−0.0009	−0.004***	−0.003**	0.0004
	(0.58)	(−1.50)	(−0.72)	(−2.79)	(−2.27)	(0.26)
MP	0.0120***	0.0049**	0.01***	0.0037	0.009***	0.0038*
	(3.73)	(2.25)	(3.41)	(1.63)	(2.59)	(1.96)
SOE	−0.0026	0.0013	−0.01	0.001	−0.0075	0.0018
	(−0.35)	(0.20)	(−1.09)	(0.26)	(−0.87)	(0.35)
First	0.0001	−0.0005***	−0.0002	−0.0003**	−0.0003	−0.0003*
	(0.73)	(−3.19)	(−1.08)	(−2.23)	(−1.51)	(−1.85)
Growth	0.0012	0.0003	−0.0002	0.0005*	0.0001	0.009***
	(0.88)	(0.87)	(−0.10)	(1.78)	(0.34)	(2.07)
ROA	−0.455***	−0.01	−0.0330	−0.0989**	−0.127***	−0.0467
	(−5.13)	(−0.29)	(−0.78)	(−2.18)	(−2.77)	(−1.23)
Inditor	−0.0260	−0.0357	−0.0112	−0.0293	−0.0371	−0.0264
	(−0.49)	(−1.00)	(−0.24)	(−0.80)	(−0.79)	(−0.77)
Chowtest						
F 统计量	5.57		9.89		7.40	
P−value	0.0182		0.0017		0.0065	
_ cons	−0.200**	−0.237***	−0.343***	−0.115**	−0.334***	−0.109**
	(−2.45)	(−4.10)	(−4.22)	(−2.10)	(−3.87)	(−2.15)
Year	控制	控制	控制	控制	控制	控制
Ind	控制	控制	控制	控制	控制	控制
N	1690	5082	3404	3368	3390	3382
adj. R-sq	0.217	0.420	0.399	0.384	0.453	0.296

注：***、**、*分别表示在1%、5%、10%的水平下显著。

4.2.2 监督效应

分析师实地调研对企业融资约束的治理作用在不同的代理成本下可能也

存在着差别。如果上市公司存在监督缺失的情况，管理层基于代理问题而引发的机会主义行为越严重，具体表现为更多的盈余管理行为。而代理冲突严重是加剧公司融资约束的主要原因。对这类公司而言，分析师实地调研能够有效抑制公司因代理成本较高而导致的盈余管理水平提高。而当公司代理成本较低时，管理层盈余管理活动更少，分析师实地调研通过监督管理层缓解企业融资约束的治理作用较小。因此，笔者预期，在代理成本较高的公司，分析师实地调研活动对公司融资约束的缓解作用更明显。

借鉴郑宝红和曹丹婷（2018）的做法，采用管理费用与销售费用之和与主营业收入之比衡量管理者代理成本，并且以代理成本的中位数将全样本分为低代理成本和高代理成本两组。表4-8回归结果第（3）、第（4）列显示在代理成本高的公司中交乘项 $CF \times VisitN$ 的回归系数均在1%的水平上显著为负；而在代理成本较低的公司中，$CF \times VisitN$ 的回归系数在统计上不显著。因此，验证了笔者的分析逻辑，分析师实地调研通过降低代理成本来缓解融资约束的。

4.2.3　信号效应

分析师实地调研对企业融资约束的治理作用在不同的投资者关注度下可能也存在着差别。当投资者对上市公司关注度较高时，过度自信等行为偏差会扩大投资者之间对公司价值的异质信念，提高了股票流动性，缓解了企业融资约束。对这些投资者关注度高的公司而言，一方面，其更容易受到分析师实地调研。当市场关注度较高时，投资者对分析师实地调研获取的私有信息的需求越大。为了支持隶属券商的经纪业务，分析师获取私有信息的动机也越强。另一方面，受调研公司往往向外界传递出高成长性的信号，反过来吸引更多的投资者关注，带动股票流动性的提高。所以，在投资者关注度高的公司，分析师实地调研能起到锦上添花的作用，进一步缓解融资约束。而当企业受到投资者关注度较低时，其受到分析师实地调研的概率也较低，分析师实地调研发挥的作用也有限。因此，在投资者关注度较低的样本公司中，分析师实地调研对企业融资约束的影响较小；而在投资者关注度较高的公司，分析师实地调研活动对公司融资约束的缓解作用更强。

借鉴权小锋和吴世农（2012）的做法，以样本年度平均换手率作为投资者注意力程度的代理指标，换手率越高，投资者注意力程度越高。并将全样本按照年平均换手率的中位数分为投资者关注高和投资者关注低的两组。

表4-8回归结果第（5）、第（6）列显示，在投资者关注高的公司中，交乘项 $CF \times VisitN$ 的回归系数均在1%的水平上显著为负；而在投资者关注低的公司中，交乘项 $CF \times VisitN$ 的回归系数在统计上不显著。因此，验证了本书的分析逻辑，分析师实地调研通过吸引投资者关注来缓解融资约束的影响。

4.3 分析师实地调研对企业融资约束影响的异质性分析

4.3.1 分析师实地调研对不同产权性质企业融资约束的影响

从产权异质性的视角来看，国有企业存在固有的资源优势。由于国有企业在我国占据着重要地位，国有银行会对其有强大的资金支持。所以国有企业面临的融资约束小于民营企业（张纯和吕伟，2007）。机构投资者参与可以降低企业信息不对称程度，起到缓解融资约束的作用。张纯和吕伟（2007）研究发现，机构投资者的参与能显著缓解民营企业融资约束。从研究样本分布来看，分析师实地调研对象主要集中于非国有企业。相对于国有企业而言，分析师实地调研对非国有企业融资约束的影响更大。

表4-9回归结果显示，第（1）列 $CF \times VisitN$ 的回归系数不显著，第（2）列 $CF \times VisitN$ 的回归系数在1%的水平上显著为负，说明分析师实地调研显著缓解了非国有企业的融资约束，而对国有企业的融资约束影响不显著。回归结果与理论分析一致。

表4-9 产权性质、分析师实地调研与企业融资约束的回归结果

变量	国企	非国企
	（1）	（2）
	$\Delta Cash$	$\Delta Cash$
CF	0.266 ***	0.211 ***
	（5.12）	（7.78）
VisitN	-0.0007	0.0009 *
	（-0.91）	（1.88）

续表

变量	国企	非国企
	（1）	（2）
	$\Delta Cash$	$\Delta Cash$
$CF \times VisitN$	0.0113	−0.0237***
	（1.44）	（−5.14）
$Size$	0.0028	0.01***
	（1.00）	（4.21）
$Expe$	0.0576	0.256***
	（1.07）	（12.16）
ΔNwc	0.166***	0.309***
	（14.79）	（56.11）
ΔSD	0.0504***	−0.005
	（5.43）	（−1.16）
TQ	−0.0003	−0.0019*
	（−0.13）	（−1.84）
MP	0.0006	0.0072***
	（0.39）	（3.55）
$First$	−0.0001	−0.0004***
	（−0.26）	（−2.63）
$Growth$	−0.0039***	0.0005
	（−3.23）	（1.23）
ROA	−0.153***	−0.0400
	（−2.79）	（−1.17）
$Inditor$	−0.0383	−0.0266
	（−0.75）	（−0.78）
Chowtest		
F 统计量	5.33	
P−value	0.0210	
_ cons	−0.0045	−0.245***
	（−0.07）	（−4.35）
Year	控制	控制

续表

变量	国企	非国企
	（1）	（2）
	$\Delta Cash$	$\Delta Cash$
Ind	控制	控制
N	1132	5640
adj. R-sq	0.211	0.409

注：***、**、*分别表示在1%、5%、10%的水平下显著。

4.3.2 不同类型分析师实地调研对企业融资约束影响的差异

分析师个体差异性也会影响调研效果，因此，分析师实地调研作用的发挥更多地受到其声誉和利益冲突等因素的影响。接下来，本书将分别从这两个角度出发，研究它们对分析师实地调研与企业融资约束关系的影响。

4.3.2.1 声誉对分析师实地调研与企业融资约束的影响

Fama（1970）认为声誉能有效地激励代理人，并制约其利益冲突行为。分析师是理性经济人，良好的声誉会给分析师带来更好的回报，也会使分析师更加重视其长远发展。分析师声誉资本的丧失具有不可挽回性，尤其是高声誉的分析师对维护和提高自身声誉非常重视，以保证长远的收益。分析师声誉这项重要的无形资产是通过其研究报告质量和职业道德积累而形成的（胡奕明和金洪飞，2006）。分析师对个人声誉越重视，在投资者关注较多时，分析师越倾向于降低乐观偏差，提高预测准确性。所以，高声誉分析师会发布高质量的盈余预测。相比非明星分析师，明星分析师对个人声誉受损更担心，从而更加注重声誉保护。因此，相较于非明星分析师，明星分析师的盈余预测更为准确，发布的投资评级更独立和客观（Fang and Yasuda，2009；施先旺和李钻，2017）。对整个资本市场而言，通过传递准确的市场信息，高声誉的证券分析师能够引导投资者进行高效的决策，这将对资金的流向和股价的波动产生影响，从而影响整个市场的资源配置（胡奕明和金洪飞，2006）。Stickel（1992）认为"全美研究团队"的分析师比其他分析师更能影响股价。国内学者也发现明星分析师的研究报告间接影响股价涨跌，而且明星分析师发布的报告周一效应更强（王明伟等，2017）。同时，高声誉的券商分析师推荐的股票带来的短期超额收益率更高（杨大楷等，2011）。

　　然而，分析师的声誉积累源于道德约束、分析水平以及形象宣传三个方面。分析师的分析水平是非常重要的一个因素。分析师信息获取和专业解读能力不高，便不能赢得投资者和市场，甚至不可能在行业内立足。投资者关系是影响分析师信息获取量的决定因素，分析师直接与公司接触是其获取信息的重要方式，进而利用私有信息提升自己的知名度。因此，私有信息可能是分析师获得声誉的基础。分析师实地调研作为分析师获取上市公司私有信息的一种重要渠道，也将成为分析师声誉积累的一种重要方式。所以，实地调研中，明星分析师会更加注重自身声誉的维护。一方面，明星分析师调研次数较多。通过频繁的调研活动加深对被调研公司当前经营情况和未来发展前景的了解提高其盈余预测准确性。另一方面，明星分析师会充分利用自身的影响力影响投资者决策。明星分析师的研究报告能产生强烈的市场反应，说明投资者比较关注明星分析师的行为，也能从明星分析师预测中获取超额收益。所以，明星分析师实地调研通过引导资本市场资金流向缓解企业融资约束。

　　根据《证券公司分类监管规定》，证券监管部门依据证券公司的风险管理能力、市场竞争力以及合法合规性对证券公司进行综合性评价，将证券公司分为 A、B、C、D、E 共 5 大类。其中，A 类公司在证券行业内风险管理能力最高，新业务和新产品方面的风险控制较好。截至 2018 年底，无一家证券公司获得 AAA 评级。此外由于样本中调研分析师的名字存在大量缺失，因此，本书将证监会每年评为 AA 级的券商界定为知名券商，来自知名券商的分析师定义为明星分析师，否则为非明星分析师。

　　从表 4-10 回归结果可以看出，第（1）列 $CF \times VisitN$ 的回归系数在 1% 的水平上显著为负，第（2）列 $CF \times VisitN$ 的回归系数为负但不显著，表明明星分析师实地调研能显著缓解企业融资约束，而非明星分析师实地调研对企业融资约束的影响不显著。与本书的分析一致。

表 4-10　分析师异质性、实地调研与企业融资约束的回归结果

变量	明星分析师	非明星分析师	承销商分析师	非承销商分析师	股权关联分析师	非股权关联分析师
	(1)	(2)	(3)	(4)	(5)	(6)
	$\Delta Cash$	$\Delta Cash$	$\Delta Cash$	$\Delta Cash$	$\Delta Cash$	$\Delta Cash$
CF	0.195***	0.461***	0.319***	0.227***	0.371***	0.244***
	(7.37)	(5.37)	(6.75)	(7.30)	(6.90)	(8.32)

续表

变量	明星分析师 (1) ΔCash	非明星分析师 (2) ΔCash	承销商分析师 (3) ΔCash	非承销商分析师 (4) ΔCash	股权关联分析师 (5) ΔCash	非股权关联分析师 (6) ΔCash
VisitN	0.0007 (1.56)	0.0004 (0.11)	0.0002 (0.30)	0.0019*** (2.66)	0.0003 (0.59)	0.0015** (2.49)
CF×VisitN	-0.0185*** (-4.30)	-0.038 (-0.92)	-0.0052 (-0.93)	-0.0402*** (-6.57)	-0.0033 (-0.58)	-0.0382*** (-6.78)
Size	0.0093*** (4.34)	0.0075 (1.62)	0.0085*** (3.02)	0.0106*** (3.91)	0.0015 (0.46)	0.0117*** (4.60)
Expe	0.252*** (12.26)	0.0815 (1.27)	0.105*** (2.81)	0.263*** (11.12)	0.009 (0.24)	0.270*** (11.76)
ΔNwc	0.312*** (57.56)	0.145*** (11.54)	0.356*** (38.62)	0.272*** (45.61)	0.464*** (32.33)	0.230*** (5.80)
ΔSD	0.0094* (1.65)	0.0048 (0.97)	0.0639*** (6.84)	-0.0025 (-0.57)	0.203*** (11.81)	0.0013 (0.31)
TQ	-0.0008 (-0.77)	-0.0046** (-2.21)	-0.0029** (-2.04)	-0.0012 (-1.01)	-0.003** (-2.11)	-0.0004 (-0.40)
MP	0.0056*** (2.78)	0.0084** (1.99)	0.0063** (2.24)	0.0066*** (2.84)	-0.0012 (-0.34)	0.0083*** (3.99)
SOE	0.0005 (0.10)	-0.0101 (-0.89)	-0.003 (-0.41)	-0.0024 (-0.37)	-0.0098 (-1.17)	0.0028 (0.49)
First	-0.0003** (-2.33)	-0.0004 (-1.24)	-0.0001 (-0.47)	-0.0004** (-2.51)	-0.0003 (-1.14)	-0.0004*** (-2.58)
Growth	0.0002 (0.59)	0.0015 (1.08)	0.0048** (2.21)	0.0004 (1.24)	0.0026 (1.29)	0.0004 (1.22)
ROA	-0.0667** (-1.99)	-0.0065 (-0.10)	-0.246*** (-4.59)	0.0075 (0.20)	-0.266*** (-5.20)	-0.0185 (-0.51)
Inditor	-0.0263 (-0.81)	-0.0282 (-0.40)	-0.0213 (-0.48)	-0.0406 (-1.03)	0.0018 (0.03)	-0.0355 (-1.01)

续表

变量	明星分析师	非明星分析师	承销商分析师	非承销商分析师	股权关联分析师	非股权关联分析师
	（1）	（2）	（3）	（4）	（5）	（6）
	ΔCash	ΔCash	ΔCash	ΔCash	ΔCash	ΔCash
Chowtest						
F 统计量	3.08		5.61		3.31	
P-value	0.0794		0.0179		0.0689	
_cons	−0.210***	−0.174	−0.204***	−0.236***	−0.0628	−0.256***
	(−4.09)	(−1.61)	(−2.92)	(−3.71)	(−0.81)	(−4.31)
Year	控制	控制	控制	控制	控制	控制
Ind	控制	控制	控制	控制	控制	控制
N	5781	991	2476	4296	1536	5236
adj. R-sq	0.415	0.220	0.444	0.375	0.465	0.393

注：＊＊＊、＊＊、＊分别表示在1%、5%、10%的水平下显著。

4.3.2.2　利益冲突对分析师实地调研与企业融资约束的影响

证券发行者和证券投资者是两个利益不相容的群体，且均为证券分析师的客户。站在发行人的角度，为募集更多资金希望股票价格更高，而站在投资者的角度，为降低投资成本希望股票价格更低，因此，证券分析师也被卷入潜在的利益冲突中。承销关系是分析师和上市公司之间利益冲突中非常重要的一类。由于面临来自投行部门的压力，承销商分析师会屈从于证券公司，发布乐观的盈余预测报告。Dechow 和 Sloan（1997）发现承销商分析师的盈余预测显著高于非承销商分析师，表明承销商分析师具有乐观倾向。与非承销商分析师相比，承销商分析师更乐于出具乐观的盈余预测和股票评级（周冬华和赵玉洁，2016）。这种乐观性偏差降低了公司负面信息的传递效率，增大了股票定价偏差、降低了市场效率（Schenone，2004）。而且承销商分析师往往会高估股价，倾向于推荐其所在证券公司承销的股票。然而，这些股票的收益低于非承销商分析师荐股（Michaely and Womack，1999）。最终，承销商分析师预测偏差误导了投资者。实际上，理性的投资者会认识到潜在的利益冲突而规避分析师预测偏差的影响。因此，实地调研中，承销商分析师也面临着同样的利益冲突。出于维护管理层关系的考虑，分析师会尽量回避负面消息的提问，进而影响调研信息披露的完整性。所以，与承销商分析师相比，非承销分析师调研更加独立、客观，调研信息深受投资者信赖，进一步降低投资者和上市公司之间的信息不对称，进而缓解调研公司的融资约束。

借鉴原红旗和黄倩茹（2007）的做法，如果分析师所属的证券公司是上市公司的承销商，那么该分析师界定为承销商分析师，否则为非承销商分析师。承销商包含三大类，即在一家公司首发、增发、配股时的主承销商、副主承销商以及分销商。表 4-10 回归结果第（3）、第（4）列显示，第（3）列 $CF×VisitN$ 的回归系数为负但不显著，第（4）列 $CF×VisitN$ 的回归系数在 1% 的水平上显著为负，表明非承销商分析师实地调研能显著缓解企业融资约束，而承销商分析师实地调研对企业融资约束的影响不显著。与上述分析一致。

在分析师和机构投资者之间的各种利益冲突中，存在客户关系和投权关系。基金公司的佣金分仓是券商纷纷抢夺的可观收入。因此，佣金分仓关系会导致关联分析师对基金持股发布的投资评级高于分析师的一致评级（Gu et al.，2013；Firth et al.，2013；施先旺和李钻，2017）。基金股权关系相比短期契约的佣金分仓关联更具有稳定性。然而，基金和券商之间的长期利益关系使券商利用旗下分析师的信息活动帮助基金提高业绩，以实现基金和券商整体的收益最大化。因此，基金股权关联分析师为维护基金的投资收益会发布乐观的股票评级（姜波和周铭山，2015）。同时，为了防止基金的业绩受损，股权关联分析师会放弃掌握的影响企业价值的负面信息。因此，基金股权关系会损害分析师的独立性和客观性，降低股票市场信息效率。与非基金股权关联分析师相比，基金股权关联分析师实地调研信息获取能力受限，势必对调研信息的有效传播产生影响。因此，非基金股权关联分析师实地调研对企业融资约束缓解作用更显著。

借鉴伊志宏等（2018）的做法，如果分析师 j 所属券商 b 是基金公司 c 的股东，基金公司 c 旗下的基金 m 在 $t-1$ 年重仓持股公司 i，若分析师 j 在 t 年对公司 i 进行实地调研，则该分析师为基金股权关联分析师，否则为非基金股权关联分析师。表 4-10 回归结果第（5）、第（6）列显示，第（5）列 $CF×VisitN$ 的回归系数为负但不显著，第（6）列 $CF×VisitN$ 的回归系数在 1% 的水平上显著为负，表明非基金股权关联分析师实地调研能显著缓解企业融资约束，而基金股权关联分析师实地调研对企业融资约束的影响不显著。与上述分析一致。

4.4　拓展性分析

如前文所述，战略主题的调研对企业融资约束没有显著影响，原因之一可能是涉及战略主题调研信息的信号并不明确，因此，我们进一步从对战略信息的挖掘程度和调研信息语气的积极性视角针对涉及战略主题的调研样本展开深入探究。

从调研信息语气的积极性视角来看，文本的语气语调会传递信息的弦外之音，从而影响投资者行为（Loughran and McDonald，2016）。语气语调越积极，越能向市场传递积极信号，市场反应也越积极。文本信息的语气语调具有增量信息含量。一方面，文本信息的语气语调可以预测公司未来业绩。谢德仁和林乐（2015）发现业绩说明会上的管理层语调可以预示公司未来业绩。当管理层总体语调偏积极时，意味着管理层对公司未来业绩的预期更高；当管理层总体语调偏消极时，意味着管理层对未来业绩预期较低。另一方面，文本信息的语气语调影响市场反应。林乐和谢德仁（2016）发现投资者对管理层的净积极语调做出了显著的正向反应。公司年报和季报中管理层讨论与分析（MD&A）部分以及业绩快报的语气变化也与短期市场反应正相关。因此，当涉及战略主题的调研信息语气越积极时，就越能向投资者传递出公司具有较高市场价值的信号，从而吸引投资者关注，降低投资者要求的风险补偿，进而缓解企业融资约束。

从战略信息挖掘程度视角来说，受到分析师越多关注的企业，越可能将更多的私有信息传播给投资者，从而降低企业信息不对称程度。因此，分析师实地调研次数越多，其对上市公司信息关注越有深度，越能促进其预测质量的提高（胡奕明和林文雄，2005）。当分析师实地调研对企业战略信息挖掘程度越深时，越有利于提高公司信息透明度；同时，也有利于提升分析师预测准确性，进而缓解企业融资约束。

基于以上分析，在涉及战略主题的样本中，针对调研文本信息语气与调研信息深度能否缓解企业融资约束展开进一步检验，具体变量为：①调研文本信息语气（VisitT）。采用文本情感性分析的方法，其主要方法有词汇匹配技术法（也被称为"词袋"方法）和基于各种算法的机器学习方法。本书选取的文本数据源自上市公司投资者关系管理活动中的实地调研文本，每条互

分析师实地调研与企业融资约束

动问题文本绞小。判断小文本的情感倾向，采用将文本中的词汇与情感词库中的情绪词进行匹配的方法更为合适。所以本书采用"词袋"方法。具体步骤为：先利用已有的分词技术，用 Python 开放源结巴中文分词模块对本书所用到的文本进行自动分词，然后进行词频统计。借鉴王华杰和王克敏（2018）的做法，本书语气词库采用台湾大学制作的《中文情感极忙词典》并通过人工阅读文本内容选出正面和负面的情感语调词语，计算文本信息语气（$VisitT$），即（积极词数量－消极词数量）／（积极词数量＋消极词数量）。$VisitT$ 值越大，代表分析师实地调研传递的信息语气越积极。②战略信息挖掘程度（IS）。采用分析师对战略问题提及的次数衡量分析师对战略信息的挖掘程度。公司战略信息被提及的次数越多，表明分析师对战略信息的挖掘程度越深。

从表4-11中可以看出，第（1）列中交乘项 $CF×IS$ 的回归系数在1%的水平上显著为负，说明随着调研中对战略主题信息的不断挖掘，投资者对公司未来发展前景的信息掌握更加及时和全面，降低了上市公司和投资者之间的信息不对称程度，企业融资约束问题得到缓解；第（2）列中交乘项 $CF×VisitT$ 的回归系数在1%的水平上显著为负，说明涉及战略主题的调研信息语气越积极，越容易吸引投资者关注，降低投资者对企业未来现金流的风险感知，缓解企业融资约束。该结论进一步丰富了假设 H2。

表4-11 战略主题的调研与企业融资约束的回归结果

变量	（1）$\Delta Cash$	（2）$\Delta Cash$
CF	0.265*** (11.10)	0.419*** (6.45)
IS	0.0007*** (3.42)	
$CF×IS$	−0.0146*** (−7.69)	
$VisitT$		0.0232** (2.21)
$CF×VisitT$		−0.430*** (−4.61)

续表

变量	(1)	(2)
	$\Delta Cash$	$\Delta Cash$
Size	0.0094***	0.0088***
	(4.69)	(4.43)
Expe	0.236***	0.240***
	(11.66)	(11.84)
ΔNwc	0.290***	0.284***
	(56.80)	(54.06)
ΔSD	0.0058	0.0059
	(1.45)	(1.47)
TQ	−0.0011	−0.001
	(−1.24)	(−1.18)
MP	0.007***	0.0067***
	(3.74)	(3.61)
SOE	−0.0006	−0.0009
	(−0.12)	(−0.19)
First	−0.0003**	−0.0003**
	(−2.07)	(−2.18)
Growth	0.0005	0.0004
	(1.34)	(1.13)
ROA	−0.0775**	−0.0865***
	(−2.47)	(−2.75)
Inditor	−0.0398	−0.0341
	(−1.30)	(−1.11)
_cons	−0.223***	−0.225***
	(−4.65)	(−4.71)
Year	控制	控制
Ind	控制	控制
N	6546	6546
adj. R-sq	0.382	0.378

注：***、**、*分别表示在1%、5%、10%的水平下显著。

第5章 分析师实地调研对企业融资成本的影响

5.1 分析师实地调研对企业权益融资成本的影响

2023年中央金融工作会议提出不断增强金融服务实体经济的能力，推动经济高质量发展。股权融资是当前企业直接融资的一种重要方式，而企业融资成本居高不下成为制约中国实体经济发展的主要障碍。在供给侧结构性改革中，降成本是一项难度大且影响广的系统工程。然而，金融业和实本企业的沟通不畅是企业融资成本高的根本原因。证券分析师是资本市场中的信息中介，既可以对公开信息进行专业解读，又可以通过实地调研广泛收集各种非公开信息，降低上市公司的信息不对称程度，提高资本市场的有效性，其所属证券公司也是企业直接融资的"服务商"。已有研究文献认为企业权益融资成本上升的重要原因是信息不对称。严重的信息不对称会导致投资者面临的企业未来不确定性风险增加，并使交易成本上升，因此，投资者会要求较高的投资回报率以补偿风险，从而导致企业权益融资成本的上升。那么，分析师实地调研对企业权益融资成本的影响值得深入研究。上一章研究得出分析师实地调研能够缓解企业融资约束，而融资约束是由于信息不对称和代理问题导致的外源融资成本高于内源融资成本（Fazzari et al.，1988），因此，检验分析师实地调研对企业融资成本的影响可以进一步验证上一章的研究结论。

5.1.1 理论分析与研究假设

分析师实地调研对企业权益资本成本的影响可以通过两种途径实现：一方面，分析师实地调研能够降低上市公司与投资者之间的信息不对称。而信息不对称是企业权益资本成本的重要影响因素。基于信息不对称理论，交易双方之间的信息分布不平衡会导致投资者的逆向选择行为。较高的公司透明度有助于信息不对称程度的下降以及投资者预测风险的降低，进而使公司权益资本成本下降（汪炜和蒋高峰，2004；曾颖和陆正飞，2006）。分析师在降低企业信息不对称过程中扮演了重要角色。其一，分析师具有信息渠道优势，充分收集信息，包括公共信息和私有信息、财务信息和非财务信息。实地调研是分析师私有信息收集的重要渠道。在实地调研过程中，分析师亲自前往调研公司实地查看生产经营场所，了解企业目前的经营管理状况，并对企业未来的发展战略进行评估。分析师所见所闻获取的信息对企业公开披露的年报、半年报等定期报告信息加以补充或验证。实地调研使分析师对上市公司的了解更充分，掌握的信息更准确，提高企业信息透明度。其二，分析师具有行业专长，通过对信息的专业解读，向市场提供新的信息。实地调研是一种上市公司与投资者之间的信息沟通和交流的活动。不同于上市公司公开披露的信息，作为投资者心声的代表，分析师在沟通过程中有主动提问权。从其专业视角，将投资者关注的问题与管理层面对面的深入交流，提高信息沟通效率。交流过程中，不仅获取了语言信息，而且管理层的语气、表情、肢体语言也具有丰富的信息含量。分析师将与管理层面对面沟通获取的语言信息和非语言信息进行全方位的整合，既提高了其盈余预测准确性又满足了投资者决策的信息需求，减少投资者的预测风险，从而降低企业权益融资成本。

另一方面，分析师实地调研能够吸引投资者关注，提高股票流动性。而股票流动性的增加是公司权益资本成本的直接决定因素。有效市场假说认为在有效市场上，价格能充分、及时地反映所有可能影响其变动的信息，投资者通过获取的信息不能取得超额收益。而我国资本市场是一个发展历史比较短、制度不完善的弱式有效市场，上市公司能够通过向投资者提供新信息来影响市场（Deller et al.，1999）。分析师的信息挖掘使股价中含有大量的公司特质信息，降低股价同步性，发挥价格对资源配置的引导作用，最终提升资本市场的运行效率（朱红军等，2007）。其中，分析师关注可以提高股票的流动性，降低投资者逆向选择成本以及讨价还价等其他成本（Brennan and Tamarowski，2000）。由于交易成本的降低而导致股票交易量的提高。当股票交易量较低时，上市公司借助投资者关系管理通过增加交易量来提高股票市场的流动性，维持股价的稳定。因此，较高水平的投资者关系管理能起到降低融资成本的作用（赵颖，2010）。作为上市公司投资者关系管理的一个重要组成部分，分析师实地调研可以促进更多的公司特有信息融入股价，提高了资本市场的信息效率（曹新伟等，2015）。而且实地调研所获得的信息能对公司未来业绩进行预测使投资者获取超额收益。因此，实地调研是上市公司与投资者之间信息互动的平台，双方沟通产生信任机制，降低了交易成本。同时，实地调研增强了投资者对公司未来前景的信心，提高股票流动性，降低了企业权益融资成本。

然而，投资者不仅关注分析师实地调研频率，而且关注调研内容。由于战略信息具有前瞻性和全面性，分析师每次调研几乎都会提及企业战略问题。战略信息的释放降低企业和投资者之间的信息不对称。分析师实地调研使投资者及时了解企业未来的战略布局和现在的经营状况，准确评估企业战略目标实现的可能性，降低投资风险。同时，战略信息也传递了管理层对公司未来的期望。当管理层对公司未来充满信心时，也为投资者树立了坚定的投资信念，提高股票流动性。而融资主题的调研信息反映了企业的融资需求，降低了资金需求者和资金供给者之间的信息不对称，提高了资本市场资金配置效率，进而降低企业权益融资成本。

因此，提出本章核心假设：分析师实地调研降低了上市公司权益融资成本。

5.1.2　研究设计

5.1.2.1　变量定义

（1）权益资本成本。

毛新述等（2012）对我国权益资本成本的度量有效性进行探索发现 GLS 模型效果并不理想，而 PEG 模型和 MPEG 模型可以捕捉到各风险因素的影响，更适合我国企业。基于市盈率的 PEG 模型和市盈增长比率的 MPEG 模型的主要区别是 PEG 模型假设非正常收益的长期增长率等于短期增长率，它是 MPEG 模型的一个特殊情形（Easton，2004）。因此，本节权益资本成本的度量采用 PEG 模型，稳健性检验中采用 MPEG 模型。

假定非正常收益的增长率不变而且为零，PEG 模型（5.1）如下：

$$PEG = \sqrt{(EPS_{t+2} - EPS_{t+1})/P_t} \tag{5.1}$$

进一步放松假定，假定非正常收益的增长率保持不变，MPEG 模型（5.2）如下：

$$MPEG = \sqrt{(EPS_{t+2} + MPEG \times DPS_{t+1} - EPS_{t+1})/P_t} \tag{5.2}$$

其中，*MPEG* 为第 *t* 期公司权益资本成本，EPS_{t+2} 为 *t*+2 期末公司每股盈余的预测值，EPS_{t+1} 为 *t*+1 期末公司每股盈余的预测值，P_t 为 *t* 期末公司股票价格。模型中最重要的基础数据是预测盈余。由于我国分析师预测起步较晚，采用分析师预测数据会产生大量缺失值。Hou 和 Vandijk（2012）发现采用截面模型对单个公司预测的盈余与分析师预测的盈余一致性较高，并且可靠性较高。因此，本书借鉴 Hou 和 Vandijk（2012）的做法，使用过去 8 年的数据估计未来盈余，混合截面回归模型如下：

$$E_{i,t+\tau} = k_0 + k_1 EV_{i,t} + k_2 TA_{i,t} + k_3 DIV_{i,t} + k_4 DD_{i,t} + k_5 E_{i,t} + k_6 NEGE_{i,t} + K_7 ACC_{i,t} + \varepsilon_{i,t+\tau}$$

$$(5.3)$$

其中，$E_{i,t+\tau}$ 表示 *t*+*τ* 年 *i* 公司扣除非常项目前的盈余，所有解释变量采用 *t* 年末的数据，*EV* 是公司价值（总资产+权益的市场价值—权益的账面价值）；*TA* 是总资产；*DIV* 是每股的股利；*DD* 是支付股利的虚拟变量；*NEGE* 是如果公司盈余小于 0 取 1，否则取 0；*ACC* 是总的应计。利用模型（5.3）获得的估计系数和上市公司的财务数据就可以得出计算权益资本成本所需的预测盈余，股利预测值等于盈余预测值乘以当年的实际股利支付率（过去三年股利支付率的均值）。将股利预测值和盈余预测值带入模型（5.1）和模型（5.2）中，得出企业权益资本成本值。如果权益资本成本值大于 1 或者小于 0 时，作为缺失值处理。

（2）分析师实地调研（*Visit*）。

本书的解释变量主要是用来度量分析师对上市公司实地调研行为的。具体包括如下几个指标：一是分析师实地调研次数（*VisitN*）。借鉴曹新伟等（2015）的研究，采用分析师对上市公司调研次数作为分析师实地调研的代理变量。二是调研内容涉及的主题。借鉴 Cheng 等（2019）对调研内容的分类方法，本书主要研究调研内容涉及的融资（*RZ*）和战略（*ZL*）主题。如果调研内容涉及企业融资相关的主题，*RZ*=1，否则为 0。如果调研内容涉及企业战略相关的主题，*ZL*=1，否则为 0。

5.1.2.2　模型设计

本书选取 2013~2018 年深圳证券交易所非金融行业上市公司作为研究样本，借鉴王化成等（2017）的方法，同时结合中国上市公司分析师调研行为现状，采用 OLS 回归构建了分析师实地调研与上市公司权益融资成本的实证检验模型，以检验分析师实地调研对企业权益融资成本的影响。

表 5-1 变量定义

变量类型	变量名称	变量符号	变量说明
因变量	权益融资成本	peg	采用 PEG 模型计算
		mpeg	采用 MPEG 模型计算
自变量	调研次数	VisitN	分析师对上市公司实地调研的次数
	调研主题	RZ	如果调研内容涉及企业融资相关的主题，RZ 取值为 1，否则为 0
		ZL	如果调研内容涉及企业战略相关的主题，ZL 取值为 1，否则为 0
控制变量	企业规模	Size	公司总市值的自然对数
	财务杠杆	LEV	期末负债/期末资产
	账面市值比	MB	权益账面价值/权益市场价值
	系统风险	Beta	来源于 WIND 数据库，标的指数为沪深 300 指数，周期为周，普通收益率
	流动性	LIQUID	年平均换手率
	产权性质	SOE	当上市公司为国有控股时取 1，否则取 0
	股权集中度	First	第一大股东持股比例
	营业收入增长率	Growth	当年度营业收入与上年度营业收入之差除以上年度营业收入
	总资产周转率	Tat	营业收入/平均资产总额
	企业年龄	Age	企业上市年限
	独立董事比例	Inditor	独立董事人数/董事会人数
	年份	Year	年份虚拟变量
	行业	Ind	行业虚拟变量

$$peg_{i,t} = \beta_0 + \beta_1 Visit_{i,t} + \beta_2 Size_{i,t} + \beta_3 LEV_{i,t} + \beta_4 MB_{i,t} + \beta_5 Beta_{i,t} + \beta_6 LIQUID_{i,t} + \\ \beta_7 SOE_{i,t} + \beta_8 First_{i,t} + \beta_9 Growth_{i,t} + \beta_{10} Tat_{i,t} + \beta_{11} Age_{i,t} + \beta_{12} Inditor_{i,t} + \\ \sum Year + \sum Ind + \varepsilon_{i,t}$$

(5.4)

其中，解释变量 Visit 分别代表分析师实地调研次数（VisitN）、实地调研涉及的融资主题（RZ）、实地调研涉及的战略主题（ZL）。主要关注回归系数 β_1 的符号和显著性。若 β_1 显著为负，则表明分析师实地调研降低了企业的权益融资成本。

5.1.3　实证结果与分析

（1）描述性统计。

本节主要变量的描述性统计结果如表 5-2 所示，样本总量为 6412 个。样本中权益融资成本（peg）的均值为 0.0882，标准差为 0.0294，最大值为 0.504，最小值为 0.0035，最大值和最小值之间差距比较大，说明不同的上市公司的权益融资成本之间存在较大的差异。分析师实地调研次数（$VisitN$）的最大值为 54，最小值为 1，说明不同公司的分析师实地调研情况存在较大的不同；平均来看，样本公司每年接受分析师实地调研次数为 4.76。从调研内容来看，涉及企业融资主题（RZ）的均值为 0.399，说明每次调研中融资问题被关注的概率为 39.9%；涉及企业战略主题（ZL）的均值为 0.968，说明每次调研中战略问题被关注的概率为 96.8%。

表 5-2　描述性统计

变量	样本	均值	最大值	最小值	25%分位	中位数	75%分位	标准差
peg	6412	0.0882	0.504	0.0035	0.0733	0.0864	0.099	0.0294
$VisitN$	6412	4.76	54	1	2	3	6	4.6
$Size$	6412	22.7	28.8	20.4	22	22.6	23.2	0.967
LEV	6412	0.375	0.994	0.008	0.218	0.359	0.514	0.194
MB	6412	0.709	21.2	0.0318	0.279	0.467	0.801	0.883
$Beta$	6412	0.441	13.6	−0.316	0.24	0.317	0.503	0.375
$LIQUID$	6412	3.52	25.7	0.0879	1.42	2.59	4.47	3.1
SOE	6412	0.157	1	0	0	0	0	0.364
$First$	6412	32.7	89.4	3	21.9	30.7	41.5	13.8
$Growth$	6412	0.346	363	−0.988	0.0132	0.151	0.321	4.84
Tat	6412	0.637	12.4	0.0005	0.374	0.538	0.765	0.495
Age	6412	7.25	27	0	3	6	9	5.99
$Inditor$	6412	0.376	0.75	0.143	0.333	0.333	0.429	0.0557
RZ	6412	0.399	1	0	0	0	1	0.49
ZL	6412	0.968	1	0	1	1	1	0.176

（2）自变量之间的相关关系。

表 5-3 列示了采用 Pearson 相关系数进行检验的结果，表中的"＊"代表显著性水平，例如，"＊＊＊"代表在 1% 的水平上显著相关，"＊＊"代表

表5-3 自变量之间的相关性分析

变量	VisitN	Size	LEV	MB	Beta	LIQUID	SOE	First	Growth	Tat	Age	Inditor	RZ	ZL
VisitN	1													
Size	0.1693*	1												
LEV	0.0242	0.4658*	1											
MB	-0.0296*	0.4169*	0.5345*	1										
Beta	-0.0300*	-0.0166	0.0407*	0.1272*	1									
LIQUID	-0.0720*	-0.414*	-0.2038*	-0.269*	0.0391*	1								
SOE	0.0036	0.2086*	0.1883	0.1400*	-0.163*	-0.1244*	1							
First	0.0054	0.0519*	0.0535*	0.0254*	-0.028*	-0.0199	0.0910*	1						
Growth	-0.0101	0.0186	0.0335	-0.0018	0.002	-0.008	-0.0082	-0.0071	1					
Tat	0.0616*	0.0583*	0.1953*	0.0065	0.0289*	-0.0244	0.0358*	0.0877*	0.0434*	1				
Age	-0.0168	0.5199*	0.3600*	0.4035*	0.0292*	-0.3996*	0.3886*	-0.0222	0.0458*	0.0333*	1			
Inditor	-0.0243	-0.0133	-0.0339*	-0.0147	0.0127	0.0332*	-0.0785*	0.0442*	-0.0091	-0.0348*	-0.0334*	1		
RZ	0.2270*	0.1796*	0.1927*	0.1195*	-0.0215	-0.1085*	0.0118	-0.0002	-0.0107	0.0207	0.0874*	-0.0136	1	
ZL	0.1234*	0.0166	-0.0196	-0.040*	0.0133	0.0259*	-0.0653*	-0.0119	0.0063	-0.0065	-0.0438*	0.0073	0.0810*	1

注：***、**、*分别表示在1%、5%、10%的水平下显著。

在5%的水平上显著相关，"＊"代表在10%的水平上显著相关。从表中可以看出绝大多数解释变量之间相关系数均小于0.5，表明自变量之间明显的多重共线性问题是不存在的。

（3）回归结果分析。

表5-4列示了采用普通最小二乘法并控制异方差的回归结果，根据模型（5.4）的回归结果显示，在控制行业和年份的情况下，第（1）列 *VisitN* 的回归系数在1%的水平上显著为负，说明分析师实地调研次数的增加有利于企业权益融资成本的下降。第（2）列中 *RZ* 的回归系数在10%的水平上显著为负，说明涉及融资主题的调研信息涵盖了企业融资需求，缓解了资金提供者和资金需求者之间的信息不对称，降低了企业权益融资成本。第（3）列中 *ZL* 的回归系数在5%的水平上显著为负，说明涉及战略主题的调研涵盖了企业未来发展的前瞻性信息，而这些前瞻性信息具有较强的预测作用，有助于预测公司未来资产变动情况和破产风险，进而有利于投资者更加清晰和全面地认识公司未来的发展机遇和潜在风险，提高投资者对公司未来现金流预测的准确性，降低投资风险，从而降低企业权益融资成本。总之，分析师实地调研无论从调研次数还是调研主题方面都能降低企业权益融资成本，该结果支持本书的假设。

表5-4　分析师实地调研与企业权益融资成本的回归结果

变量	(1)	(2)	(3)
	peg	*peg*	*peg*
VisitN	−0.0324***		
	(−4.92)		
RZ		−0.129*	
		(−1.81)	
ZL			−0.476**
			(−2.48)
Size	−0.733***	−8.06***	−0.781***
	(−13.11)	(−10.09)	(−15.53)
LEV	2.674***	1.813***	2.705***
	(8.60)	(8.08)	(11.64)

变量	（1）	（2）	（3）
	peg	peg	peg
MB	1.094***	1.144***	1.110***
	（10.03）	（20.26）	（20.58）
Beta	0.201	0.121	0.189
	（1.24）	（0.98）	（1.56）
LIQUID	0.0831***	0.155***	0.0831***
	（6.02）	（11.89）	（6.01）
SOE	0.0097	−0.0892	0.0019
	（0.09）	（−0.83）	（0.02）
First	0.006**	0.0042*	0.0063**
	（2.21）	（1.68）	（2.52）
Growth	−0.0036	−0.0016	−0.003
	（−1.28）	（−0.22）	（−0.47）
Tat	−0.285**	−0.243***	−0.302***
	（−2.47）	（−3.40）	（−3.96）
Age	−0.0303***	−0.0530***	−0.0284***
	（−3.41）	（−7.17）	（−3.66）
Inditor	2.009***	2.163***	2.065**
	（2.75）	（3.51）	（3.41）
_cons	22.86***	6.380***	24.17***
	（18.31）	（22.94）	（20.90）
Year	控制	控制	控制
Ind	控制	控制	控制
N	6412	6412	6412
adj. R-sq	0.171	0.134	0.170

注：***、**、*分别表示在1%、5%、10%的水平下显著。

5.1.4 稳健性检验

（1）变量替换。

借鉴毛新述等（2012）的做法，假设企业非正常收益的增长率保持不变，采用模型（5.2）的计算方法求得企业权益资本成本进行稳健性检验，*mpeg* 作为因变量的回归结果如表 5-5 所示，不论是分析师实地调研次数还是实地调研主题都与企业权益融资成本显著负相关，与本书主要结论保持一致。

表 5-5　改变权益融资成本度量方法的回归结果

变量	(1)	(2)	(3)
	mpeg	*mpeg*	*mpeg*
VisitN	-0.0262 ***		
	(-3.31)		
RZ		-0.0978 *	
		(-1.80)	
ZL			-0.728 **
			(-1.97)
Size	-0.735 ***	-7.76 ***	-0.772 ***
	(-10.57)	(-9.54)	(-11.28)
LEV	1.977 ***	1.268 ***	2.015 ***
	(5.45)	(5.33)	(5.55)
MB	1.259 ***	1.246 ***	1.269 ***
	(10.29)	(21.07)	(10.32)
Beta	0.246	0.325 **	0.237
	(1.08)	(2.14)	(1.06)
LIQUID	0.0636 ***	0.123 ***	0.0637 ***
	(3.06)	(6.64)	(3.07)
SOE	-0.184	-0.245 **	-0.200
	(-1.37)	(-2.21)	(-1.49)
First	0.0084 ***	0.0068 **	0.0087 ***
	(2.59)	(2.51)	(2.67)
Growth	-0.0054 *	-0.0027	-0.0051 *
	(-1.79)	(-0.38)	(-1.71)
Tat	-0.146	-0.0775	-0.161
	(-1.26)	(-1.03)	(-1.38)

变量	(1)	(2)	(3)
	mpeg	*mpeg*	*mpeg*
Age	−0.0220**	−0.0466***	−0.0209**
	(−2.15)	(−5.98)	(−2.05)
Inditor	1.886**	1.526**	1.928**
	(2.09)	(2.34)	(2.15)
_*cons*	23.66***	7.279***	24.97***
	(14.54)	(24.45)	(15.78)
Year	控制	控制	控制
Ind	控制	控制	控制
N	5800	5800	5800
adj. R-sq	0.141	0.128	0.142

注：***、**、*分别表示在1%、5%、10%的水平下显著。

（2）内生性问题。

一方面，上述研究结果表明，分析师实地调研与企业权益融资成本在统计学上具有显著负相关关系，但是分析师更有可能前往盈利性高的企业进行实地调研，而这类公司权益融资成本较低，所以结论可能存在因果倒置的问题。为了解决此内生性问题，借鉴田轩等（2017）的做法，采用上市公司所在地是否开通高铁（GT）作为工具变量，进行两阶段最小二乘（2SLS）回归分析。表5-6列示了2SLS的相关检验与回归结果。首先，进行异方差稳健的DWH检验，P值分别为0.0047和0.0049，在1%的水平下拒绝了分析师实地调研变量外生的原假设，说明统计上确实存在内生性问题。进一步地，进行弱工具变量检验的结果显示F值为142.68，大于10，且P值为0.0000，拒绝了存在弱工具变量的原假设。2SLS的回归结果显示，第一阶段GT的回归系数在1%的水平上显著为正，表明高铁开通促进了分析师实地调研次数的增加，第二阶段VisitN的回归系数在5%的水平上显著为负，表明分析师实地调研降低了企业权益融资成本，与主检验结果一致。

表 5-6　工具变量 2SLS 的回归结果

变量	（1）第一阶段 VisitN	（2）第二阶段 peg
GT	1.025***	
	(8.68)	
VisitN		-0.158**
		(-2.18)
Size	1.630***	-0.997***
	(13.74)	(-7.55)
LEV	-1.051***	2.809***
	(-2.84)	(10.23)
MB	-0.588***	1.095***
	(-6.97)	(11.17)
Beta	0.275*	0.158
	(1.84)	(1.39)
LIQUID	0.0041	0.075***
	(0.22)	(5.76)
SOE	-0.243	0.022
	(-1.41)	(0.21)
First	-0.0106***	0.007**
	(-2.67)	(2.51)
Growth	-0.0085**	-0.002
	(-2.30)	(-0.67)
Tat	0.545***	-0.347***
	(4.01)	(-2.92)
Age	-0.0742***	-0.018*
	(-6.06)	(-1.80)
Inditor	-2.057**	1.918***
	(-2.09)	(3.22)
_cons	-30.52***	27.874***
	(-11.81)	(10.94)

续表

变量	（1）	（2）
	第一阶段	第二阶段
	VisitN	*peg*
Year	控制	控制
Ind	控制	控制
N	6412	6412
adj. R-sq	0.1007	0.0818
弱工具变量检验		
Robust F-statistic（instruments）	142.68	
F-statistic p-value	0.0000	
DWH 检验		
p-value — Durbin	0.0047	
p-value — Wu-Hausman	0.0049	

注：＊＊＊、＊＊、＊分别表示在1%、5%、10%的水平下显著。

另一方面，由于不是所有的上市公司都会有分析师实地调研，企业特征会影响分析师的实地调研决策。Cheng 等（2019）发现制造业企业、市场份额较高的企业、规模较大的企业、盈利企业以及账面市值较高的企业，分析师实地调研的可能性较高。然而盈利性高的企业权益融资成本较低。所以仅选择有分析师实地调研的样本，可能存在由于样本自选择产生的内生性。为了克服分析师实地调研自选择问题造成的偏差，借鉴 Cheng 等（2019）的做法，采用了 Heckman（1979）两阶段回归模型，具体模型如下：

$$P_r(Dvisit_{i,t}=1)=\alpha_0+\alpha_1 Size_{i,t-1}+\alpha_2 Age_{i,t-1}+\alpha_3 LEV_{i,t-1}+\alpha_4 SOE_{i,t-1}+\alpha_5 GLP_{i,t-1}+$$
$$\alpha_6 Numfirm_{i,t-1}+\alpha_7 Manu_{i,t-1}+\alpha_8 MSHARE_{i,t-1}+\alpha_9 Proft_{i,t-1}+$$
$$\alpha_{10} Inst_{i,t-1}+\alpha_{11} Rate_{i,t-1}+Year+\varepsilon_{i,t} \tag{5.5}$$

$$peg_{i,t}=\beta_0+\beta_1 VisitN_{i,t}+\beta_2 Size_{i,t}+\beta_3 Age_{i,t}+\beta_4 LEV_{i,t}+\beta_5 SOE_{i,t}+\beta_6 MB_{i,t}+$$
$$\beta_7 Beta_{i,t}+\beta_8 LIQUID_{i,t}+\beta_9 First_{i,t}+\beta_{10} Growth_{i,t}+\beta_{11} Tat_{i,t}+\beta_{12} Inditor_{i,t}+$$
$$\beta_{13}\lambda+\sum Year+\sum Ind+\varepsilon_{i,t} \tag{5.6}$$

其中，*Dvisit* 是分析师实地调研的虚拟变量，如果企业当年至少被分析师调研一次，取 1，否则为 0。模型（5.5）为第一阶段回归，根据 Cheng 等（2019）的做法，控制了公司规模（*Size*）、企业年龄（*Age*）、资产负债率

（*LEV*）、产权性质（*SOE*）、上市公司所在城市 GDP 增长率（*GDP*）、被调研企业所在城市的上市公司的数量（*Numfirm*）、企业是否属于制造业企业（*Manu*）、市场份额（*MSHARE*）、企业是否盈利（*Profit*）、机构持股比例（*Inst*）、信息质量（*Rate*）等影响分析师实地调研决策的变量并且自变量取滞后一期，建立分析师实地调研的选择模型（Probit 回归），并估计逆米尔斯比率（Inverse Mills Ratio，IMR）。λ 为第一阶段模型（5.5）中计算的 IMR，将第一步估计的 IMR 引入主模型作为自变量，以检验和控制样本选择偏误问题。模型（5.6）中，如果 *VisitN* 的系数 β_1 显著为负，即分析师实地调研次数的增加显著降低了企业权益融资成本。

　　表 5-7 列示了 Heckman 两阶段的回归结果，第（1）列是 Heckman 两阶段的第一阶段回归结果。从第（1）列可以看出，*Manu* 的回归系数在 1% 的水平上显著为正，表明制造业企业更能吸引分析师前往实地调研获取第一手的资料；*Numfirm* 的回归系数在 1% 的水平上显著为正，表明被调研企业所在城市的上市公司数量会影响分析师实地调研的选择。第（2）列显示，λ 的回归系数显著区别于 0，说明模型存在样本自选择偏差，在控制分析师实地调研的自选择偏差后，*VisitN* 的回归系数在 5% 的水平上显著为负，表明分析师实地调研次数的增加有助于企业权益融资成本的下降。研究结论和假设相一致。

表 5-7　Heckman 两阶段回归结果

变量	（1）Dvisit	（2）peg
VisitN		-0.0177**
		(-2.21)
Size	0.0079	-0.747***
	(0.24)	(-11.32)
LEV	-0.597***	0.746*
	(-4.40)	(1.82)
SOE	-0.0228	-0.246**
	(-0.37)	(-2.00)
Age	-0.0134***	-0.0896***
	(-2.78)	(-7.35)

续表

变量	(1)	(2)
	Dvisit	peg
GDP	0.0031	
	(0.47)	
Numfirm	0.0009 ***	
	(3.78)	
Manu	0.215 ***	
	(4.47)	
MSHARE	0.154	
	(0.84)	
Profit	0.0675	
	(0.91)	
Inst	0.0088 **	
	(2.23)	
Rate	0.379 ***	
	(5.43)	
MB		0.721 ***
		(5.17)
Beta		0.293 *
		(1.90)
LIQUID		0.0394 ***
		(2.66)
First		0.0022
		(0.73)
Growth		−0.0036
		(−0.51)
Tat		−0.256 **
		(−2.09)
Age		−0.0896 ***
		(−7.35)

续表

变量	(1)	(2)
	Dvisit	peg
Inditor		0.768
		(1.19)
λ		8.631***
		(5.48)
_cons	0.874	23.07***
	(1.27)	(15.23)
Ind		控制
Year	控制	控制
adj. R-sq		0.140
Log likelihood	-1829.8751	
LR chi^2 (15)	166.49	
Prob>chi^2	0.0000	
Pseudo R^2	0.0447	
N	7012	6412

注：***、**、*分别表示在1%、5%、10%的水平下显著。

5.1.5　分析师实地调研对企业权益融资成本的影响机理

（1）信息效应。

分析师实地调研活动的作用在不同信息环境的公司可能是有差别的。对于某个特定的公司，分析师通过各种渠道获得的相关信息是互相补充的关系。与信息环境较差的公司相比，信息环境较好的公司定期报告与临时公告提供的信息更充分、更及时、更准确，即信息的数量和质量都更胜一等，因此，投资者从公开信息披露中能够获得比较充分可靠的公司信息，而对分析师实地调研获得的私有信息需求有限。相反地，对于信息环境较差的公司，投资者可获得的公开信息数量有限且披露的公开信息的可信度较低，因此，分析师实地调研可以挖掘的私有信息则相对更多，降低投资者的信息风险，同时也激发了投资者的信息需求。因此，在信息环境较差的公司，分析师实地调研对企业权益融资成本的影响更显著。

分析师实地调研与企业融资约束

借鉴曹新伟等（2015）的做法，采用深圳证券交易所的信息披露质量评级，如果公司的信息披露质量考核结果为"优秀"，那么该公司属于信息透明度高组样本；如果公司的信息披露质量考核结果为"良好""及格""不及格"，那么该公司属于信息透明度低组样本。表5-8回归结果第（1）、第（2）列显示在信息透明度低的公司中，*VisitN* 的回归系数均在1%的水平上显著为负，而在信息透明度较高组中，*VisitN* 的回归系数在统计上不显著。因此，验证了本文的分析逻辑，分析师实地调研通过提高信息透明度来降低企业权益融资成本。

表5-8　分析师实地调研对企业权益融资成本的影响机理回归结果

变量	信息透明度低	信息透明度高	投资者关注低	投资者关注高
	（1）	（2）	（3）	（4）
	peg	*peg*	*peg*	*peg*
VisitN	−0.0357***	−0.0141	−0.0151	−0.0497***
	（−3.44）	（−1.38）	（−1.37）	（−4.65）
Size	−0.969***	−0.397***	−0.794***	−0.743***
	（−15.30）	（−5.49）	（−10.30）	（−10.76）
LEV	2.904***	1.018**	2.382***	3.111***
	（10.53）	（2.35）	（7.54）	（8.93）
MB	1.271***	0.676***	1.095***	1.062***
	（19.03）	（7.75）	（9.51）	（16.09）
Beta	0.287**	0.979***	−0.0057	1.441***
	（2.19）	（3.05）	（−0.05）	（4.63）
SOE	0.117	−0.133	0.144	−0.0217
	（0.86）	（−0.85）	（0.90）	（−0.15）
First	0.0097***	0.0006	0.0015	0.0089**
	（3.10）	（0.16）	（0.44）	（2.42）
Growth	−0.0044	−0.0031	−0.0027	−0.0057
	（−0.61）	（−0.04）	（−0.39）	（−0.22）
Tat	−0.200**	−0.598***	−0.315***	−0.250**
	（−2.31）	（−3.52）	（−3.29）	（−2.02）
Age	−0.0306***	−0.0622***	−0.0483***	−0.0267**
	（−3.33）	（−4.67）	（−4.06）	（−2.56）

续表

变量	信息透明度低 (1) *peg*	信息透明度高 (2) *peg*	投资者关注低 (3) *peg*	投资者关注高 (4) *peg*
Inditor	1.980***	1.954*	1.471*	2.506***
	(2.72)	(1.92)	(1.84)	(2.74)
Chowtest				
F 统计量	3.85		5.21	
P-value	0.0498		0.0225	
_cons	27.92***	16.33***	25.22***	22.43***
	(19.83)	(9.29)	(14.86)	(14.31)
Year	控制	控制	控制	控制
Ind	控制	控制	控制	控制
N	4832	1580	3201	3211
adj. R-sq	0.169	0.152	0.103	0.207

注：***、**、*分别表示在1%、5%、10%的水平下显著。

（2）信号传递效应。

分析师实地调研对企业融资成本的治理作用在不同的投资者关注度下可能也存在着差别。投资者对信息的关注度影响事件的市场反应（Dellavigna and Pollet，2009）。当投资者对上市公司关注度较高时，一方面，投资者对上市公司的信息需求较大，同时也对分析师实地调研活动密切关注，这种外在的监督给分析师带来压力，避免其走马观花，流于形式，使其工作更细致、全面。另一方面，投资者关注度高的公司更容易收到分析师实地调研申请。对于投资者关注度高的公司，为了帮助隶属券商其他部门的业务发展，分析师实地调研的动机更强。而且被调研公司借助分析师实地调研行为向投资者传递出未来具有良好发展前景的信号，吸引更多的投资者关注，提高股票流动性。所以，在投资者关注度高的公司，分析师实地调研对企业融资成本的影响更显著。而当企业受到投资者关注度较低时，分析师前往实地调研的概率也较低，分析师实地调研发挥的作用也有限。因此，在投资者关注度较高的公司，分析师实地调研活动对降低公司融资成本的作用更强。

借鉴权小锋和吴世农（2012）的做法，以样本年度平均换手率作为投资者关注度的衡量指标，换手率越高，投资者关注度越高。并将全样本按照年平均换手率的中位数分为投资者关注高和投资者关注低的两组。表5-8回归结果第（3）、第（4）列显示，在投资者关注高的公司中，*VisitN* 的回归系数均在1%的水平上显著为负；而在投资者关注低的公司中，*VisitN* 的回归系数在统计上不显著。因此，验证了本书的分析逻辑，分析师实地调研通过吸引投资者关注来降低企业权益融资成本。

5.1.6 基于企业与分析师异质性的分析

（1）分析师实地调研对不同产权性质企业权益融资成本的影响。

与国有企业相比，非国有企业面临的产品市场竞争压力相对较大（张传财和陈汉文，2017）。而激烈的产品市场竞争会导致企业业绩下滑甚至存在破产的风险。由于担负着稳就业、保民生等社会责任，国有企业能够在财政补贴、银行贷款以及股票市场融资等方面获得政府支持（林毅夫和李志赟，2004）。当国有企业业绩下降或者亏损时，政府会给予其财政补贴，国有银行会给予其更多低利率、约束性条件较少的银行贷款，而且还能从股票市场获得优先上市的特权。而非国有企业自担经营风险，不存在预算软约束，融资渠道比较单一，市场摩擦成本较高，陷入融资困境的可能性较大。所以，非国有企业有强烈的动机寻求外部资本市场中介机构的帮助，解决资金问题、积极应对经营风险和信息风险。因此，分析师实地调研对非国有企业权益融资成本的影响可能更显著。

表5-9回归结果显示，第（1）列 *VisitN* 的回归系数不显著，第（2）列 *VisitN* 的回归系数在5%的水平上显著为负，说明分析师实地调研显著降低了非国有企业的权益融资成本，而对国有企业权益融资成本影响不显著。回归结果与理论分析一致。

表5-9　产权性质、分析师实地调研与企业权益融资成本的回归结果

变量	国企	非国企
	（1）	（2）
	peg	peg
VisitN	-0.193	-0.137**
	（-1.48）	（-2.40）
Size	-0.485***	-0.818***
	（-4.57）	（-14.53）

续表

变量	国企	非国企
	(1)	(2)
	peg	peg
LEV	2.792***	2.456***
	(4.69)	(10.13)
MB	0.827***	0.970***
	(6.37)	(16.85)
Beta	2.351***	0.0530
	(2.92)	(0.54)
LIQUID	0.0122	0.0805***
	(0.26)	(5.77)
First	-0.0079	0.0097***
	(-1.33)	(3.60)
Growth	-0.0269	-0.0038
	(-0.76)	(-0.54)
Tat	-0.479***	-0.143*
	(-2.74)	(-1.88)
Age	-0.0912***	0.0040
	(-6.35)	(0.45)
Inditor	2.255	2.014***
	(1.42)	(3.11)
Chowtest		
F 统计量	9.68	
P-value	0.0019	
_cons	18.81***	24.26***
	(8.37)	(19.78)
Year	控制	控制
Ind	控制	控制
N	1002	5410
adj. R-sq	0.323	0.133

注：***、**、*分别表示在1%、5%、10%的水平下显著。

（2）不同类型分析师实地调研对企业权益融资成本影响的差异。

一方面，声誉会影响分析师实地调研效果。声誉是保障分析师未来高收入的一项重要的无形资产。分析师自身比较珍惜这份来之不易的荣誉，且证券市场也会凭借这种回报机制约束分析师行为，因此分析师实地调研效果受其声誉的影响。高声誉分析师盈余预测准确性较高，以降低个人声誉损失的风险，赢得投资者的信赖。同时，高声誉也会引起资本市场中投资者的有限关注。因此，明星分析师的实地调研行为会提高调研公司股票流动性，激发投资者的购买热情，进而降低企业权益融资成本。根据证监会对证券公司的综合性评价，本书将证监会每年评为 AA 级的券商界定为知名券商，来自知名券商的分析师定义为明星分析师，否则为非明星分析师。从表 5-10 回归结果可以看出，第（1）列 VisitN 的回归系数在 1% 的水平上显著为负，第（2）列 VisitN 的回归系数为负但不显著，表明明星分析师实地调研能显著降低企业权益融资成本，而非明星分析师实地调研对企业权益融资成本的影响不显著，与本书的逻辑分析一致。

表 5-10 分析师异质性的回归结果

变量	明星分析师	非明星分析师	承销商分析师	非承销商分析师	股权关联分析师	非股权关联分析师
	（1）	（2）	（3）	（4）	（5）	（6）
	peg	peg	peg	peg	peg	peg
VisitN	-0.0294***	-0.0940	-0.0331***	-0.0366***	-0.0251**	-0.0369***
	(-3.82)	(-1.17)	(-3.30)	(-2.97)	(-2.37)	(-3.49)
Size	-0.707***	-0.793***	-0.353***	-0.360***	-0.674***	-0.755***
	(-13.11)	(-4.58)	(-5.30)	(-5.88)	(-7.83)	(-11.73)
LEV	2.592***	3.289***	2.560***	3.041***	3.155***	2.445***
	(10.65)	(4.59)	(6.86)	(9.91)	(7.15)	(8.99)
MB	1.065***	1.229***	1.786***	1.613***	0.623***	1.304***
	(18.74)	(7.07)	(7.57)	(8.27)	(7.09)	(18.82)
Beta	0.225*	0.271	-0.899***	-0.267*	1.070***	0.176
	(1.81)	(0.63)	(-5.48)	(-1.92)	(2.79)	(1.35)
LIQUID	0.0917***	0.0508	0.193***	0.156***	0.137***	0.0791***
	(6.24)	(1.30)	(9.40)	(9.83)	(3.41)	(5.18)

续表

变量	明星分析师	非明星分析师	承销商分析师	非承销商分析师	股权关联分析师	非股权关联分析师
	（1）	（2）	（3）	（4）	（5）	（6）
	peg	*peg*	*peg*	*peg*	*peg*	*peg*
SOE	−0.0166	0.179	−0.305**	0.0873	−0.249	0.0880
	（−0.15）	（0.55）	（−2.07）	（0.66）	（−1.26）	（0.70）
First	0.00524**	0.0116	0.00912**	0.00302	0.00571	0.00652**
	（1.99）	（1.50）	（2.50）	（0.96）	（1.18）	（2.23）
Growth	−0.00235	−0.305**	−0.333**	−0.480***	0.0118	−0.00203
	（−0.35）	（−2.28）	（−2.57）	（−4.52）	（0.30）	（−0.28）
Tat	−0.214***	−0.828***	−0.439***	−0.489***	−0.0578	−0.391***
	（−2.74）	（−2.92）	（−3.34）	（−4.47）	（−0.45）	（−4.25）
Age	−0.0331***	−0.0235	−0.0311***	−0.0269***	0.00200	−0.0398***
	（−4.03）	（−1.03）	（−2.80）	（−2.85）	（0.15）	（−4.27）
Inditor	1.625**	4.048**	2.415***	1.364*	4.233***	1.308*
	（2.57）	（2.17）	（2.68）	（1.74）	（3.77）	（1.84）
_cons	22.52***	23.15***	14.25***	14.82***	19.56***	23.89***
	（18.34）	（6.02）	（9.53）	（10.73）	（9.62）	（15.23）
Chowtest						
F 统计量	3.10		3.56		4.00	
P−value	0.0785		0.0593		0.0455	
Year	控制	控制	控制	控制	控制	控制
Ind	控制	控制	控制	控制	控制	控制
N	5463	949	2342	4070	1430	4982
adj. R−sq	0.177	0.164	0.146	0.113	0.223	0.158

注：***、**、*分别表示在1%、5%、10%的水平下显著。

另一方面，分析师面临的利益冲突也会影响分析师实地调研作用的发挥。承销关系反映了分析师和上市公司之间存在的利益冲突。作为承销商分析师，面对来自所属券商的投行部门的压力较大。通常，承销商分析师会屈从于证券公司，出具乐观倾向的盈余预测报告。这种乐观性偏差隐藏了公司负面信息，导致股票定价偏差增大，损害了投资者利益。因此，承销商分析师实地调研可能存在报喜不报忧的情形，使得实地调研流于形式。与承销商分析师相比，非承销商分析师调研信息会更加全面、客观，有利于提高投资者股票定价的准确性，进而降低企业权益融资成本。借鉴原红旗和黄倩茹（2007）的做法，如果分析师所属的证券公司是上市公司的承销商，那么该分析师界定为承销商分析师，否则为非承销商分析师。表 5-10 回归结果第（3）、第（4）列显示，承销商分析师调研样本中，*VisitN* 的回归系数为 -0.0331 且在 1% 的水平上显著，非承销商分析师调研样本中，*VisitN* 的回归系数为 -0.0366 且在 1% 的水平上显著。进一步采用 Chowtest 检验，P 值小于 0.1，说明 *VisitN* 的系数在两组样本中存在显著差异，非承销商分析师实地调研对企业权益融资成本的影响较大。

分析师和机构投资者之间的利益冲突表现之一是股权关系。作为机构投资者的代表，基金公司和证券公司之间存在着相对稳定的股权关系。这种关系使证券公司和基金公司的长期利益捆绑在一起，证券公司为了提升基金业绩会借机干预旗下的分析师行为，最终实现证券公司和基金公司双赢的局面。因此，基金股权关联分析师有强烈的内在动机发布乐观的股票评级，甚至减少负面信息的传播。这种利益关联使基金股权关联分析师在实地调研中不能充分发挥客观、公正、公开的信息传递作用，提高了投资者的风险溢价水平。因此，非基金股权关联分析师实地调研对企业权益融资成本的影响较大。借鉴伊志宏等（2018）的做法，如果分析师 j 所属券商 b 是基金公司 c 的股东，c 旗下的基金 m 在 $t-1$ 年重仓持股公司 i，若分析师 j 在 t 年对公司 i 进行实地调研，则该分析师为基金股权关联分析师，否则为非基金股权关联分析师。表 5-10 回归结果第（5）、第（6）列显示，基金股权关联分析师调研样本中，*VisitN* 的回归系数为 -0.0251 且在 5% 的水平上显著，非基金股权关联分析师调研样本中，*VisitN* 的回归系数为 -0.0369 且在 1% 的水平上显著。进一步采用 Chowtest 检验，P 值小于 0.1，说明 *VisitN* 的系数在两组样本中存在显著差异，非基金股权关联分析师实地调研对企业权益融资成本的影响较大。

5.2 分析师实地调研对企业债务融资成本的影响

中国人民银行 2023 年社会融资规模增量统计数据报告显示，2023 年实体经济获得的人民币贷款占同期社会融资规模的 62.4%，企业债券融资占同期社会融资规模的 4.6%，非金融企业在境内股权融资占同期社会融资规模的 2.2%。由此可见，我国企业外部资金获取的最主要方式是债务融资。债务融资成本不仅涉及企业为取得债务资金需付出的代价，而且债务融资成本也是企业制定投资决策和选择融资方案的依据（Easley and O'Hara，2004），对公司的经营业绩和未来发展具有重要的影响。目前，较高的企业融资成本严重阻碍了我国经济的增长。降低企业融资成本将是执行供给侧改革政策的关键。债务融资成本作为企业融资成本的一个重要组成部分，债务融资成本的下降有助于实现我国供给侧改革的目标。因此，债务融资成本的影响因素研究具有非常重要的理论意义和现实意义。本章主要检验分析师实地调研与企业债务融资成本之间的关系。

5.2.1　理论分析与研究假设

已有研究表明，信息不对称和代理问题是影响企业债务融资成本的主要因素。一方面，分析师实地调研改善公司信息环境，降低企业和债权人之间信息不对称，降低债务融资成本。基于信息不对称理论，交易双方之间的信息分布不均匀会导致市场运行效率下降。分析师实地调研不仅获取了丰富的语言类信息和非语言类信息，而且提高了投资者获取信息的及时性，加速了信息的有效传递进而提高了资本配置效率。其一，实地调研为分析师与企业管理层提供了面对面沟通的机会。通过面对面的交流，分析师不仅可以从管理层的回答中获取重要信息，而且可以从管理层的语气和语调中提取有价值的信息。甚至，管理层拒绝回答的问题也将引起分析师的特别关注。所以，分析师实地调研为资本市场提供了增量信息。其二，分析师深入企业生产经营一线获得的调研信息削弱了管理层信息优势，增强了债权人的信任。由于信息优势方会利用其自身的信息优势获取超额收益，这将导致债权人等信息劣势方的逆向选择行为。作为可以随时、完整地掌握企业盈利状况和投资机会的信息优势方，企业管理层有动机实施损害债权人利益的行为。而分析师实地调研能够第一时间获取企业经营信息和资产状况，有利于债权人及时掌握企业营运状态，降低了债权人逆向选择的程度。因此，分析师实地调研降低了企业和债权人之间的信息不对称程度，使债权人能随时掌握债务人的资金使用情况，提高了债权人对债务人的信任程度，降低了债务人的借款利率。

另一方面，分析师实地调研可以缓解委托代理冲突，降低债务融资成本。

分析师实地调研与企业融资约束

现代公司制企业两权分离导致了公司与外部利益相关者存在各种代理冲突，比如股东与公司管理层之间、股东与债权人之间以及借款企业和债权人之间的代理冲突。分析师作为上市公司的重要外部治理机制，可以对公司代理问题起到一定的约束和治理作用。分析师关注越多的企业，经理人面临的监督强度较大，隐藏负面信息的难度也较大。首先，管理者与股东之间的代理问题引发利益冲突。管理者为了自身利益可能会盲目扩张企业规模，甚至投资净现值为负的项目，造成投资过度。分析师实地调研及时获取企业最新动态并向外界传递，投资者和其他利益相关者可以利用这些最新信息对企业管理层经营行为进行监督和提出质疑，降低管理层自利行为的动机。其次，股东与债权人之间的代理问题。由于股东和债权人之间存在风险和收益的不对等，股东存在为了自身利益的最大化将获取的外部资金进行盲目投资的动机。相比股东，债权人承担更大的投资失败风险。对于债权人而言，控制损失比赚取收益更能体现信息的价值。频繁的实地调研能够使投资者及时掌握被调研公司的投资意向，抑制企业过度投资，降低违约风险。最后，借款企业和债权人之间的代理问题。由于债权人和借款企业存在潜在的利益冲突，借款企业重视的是资金的收益性，借此扩大经营规模；而债权人重视的是贷款的安全性，确保借款能到期收回本金和约定利息。一旦借款合同成立，债权人因无权参与企业的经营决策而失去了对资金的直接控制。此时，借款企业可能会做出损害债权人利益的行为。分析师实地调研能使债权人随时掌握企业资金使用情况，借助信息的公开、公平披露和日常监督，合理地保护了债权人权益，降低了债权人的风险溢价水平。

然而，企业债务融资成本不仅会受到分析师实地调研强度的影响，而且也会受到分析师实地调研内容的影响。从调研强度来看，分析师调研次数的增加，强化了对上市公司日常行为的监督，抑制了管理层机会主义行为，降低了代理成本。从调研内容来看，战略主题的信息涵盖了企业未来的整体发展方向。当企业战略定位与国家产业政策相一致时，会促进企业获得更多的银行信贷资金的支持。而融资主题的信息提高了债权人的风险防范意识。由于债权投资者的收益是有限的，而且不参与企业的生产经营决策，所以，债权人在投资决策时比较谨慎。如果融资主题的调研信息越积极，越能向市场传递积极信号，降低债权人要求的风险补偿，进而降低债务融资成本。

因此，提出本章核心假设：分析师实地调研有助于降低企业债务融资成本。

5.2.2　研究设计

5.2.2.1　变量定义

（1）债务融资成本。

借鉴李广子和刘力（2009）的做法，本书采用财务费用明细科目下的利息支出除以总负债衡量债务融资成本。通常，利息支出只反映了债务融资成本的一部分，在融资活动中，企业还会涉及手续费等其他成本的支出。因此，在稳健性检验中，借鉴魏志华等（2012）的做法，采用（利息支出+手续费+其他财务费用）／总负债（Crd2）作为债务融资成本的替换指标。

（2）分析师实地调研。

本书的解释变量主要是用来度量分析师对上市公司实地调研行为的。具体包括如下三个指标：一是分析师实地调研次数（$VisitN$）。借鉴曹新伟等（2015）的研究，采用分析师对上市公司调研次数作为分析师实地调研的代理变量。二是调研内容涉及的主题。借鉴 Cheng 等（2019）对调研内容的分类方法，本书主要研究调研内容涉及的融资（RZ）和战略（ZL）主题。如果调研内容涉及企业融资相关的主题，$RZ=1$，否则为 0。如果调研内容涉及企业战略相关的主题，$ZL=1$，否则为 0。三是调研内容传递的信息语气（$VisitT$）。借鉴王华杰和王克敏（2018）的做法，计算文本信息语气（$VisitT$），即（积极词数量−消极词数量）／（积极词数量+消极词数量）。$VisitT$ 值越大，代表分析师实地调研传递的信息语气越积极。

5.2.2.2　模型设计

本书选取 2013~2018 年深圳证券交易所非金融行业上市公司作为研究样本，借鉴林钟高和丁茂桓（2017）的做法，同时结合中国上市公司分析师调研行为现状，采用 OLS 回归构建了分析师实地调研与上市公司债务融资成本的实证检验模型，以检验分析师实地调研对债务融资成本的影响。

$$Crd_{i,t}=\beta_0+\beta_1 Visit_{i,t}+\beta_2 Size_{i,t}+\beta_3 LEV_{i,t}+\beta_4 PPe_{i,t}+\beta_5 SOE_{i,t}+\beta_6 First_{i,t}+$$
$$\beta_7 Growth_{i,t}+\beta_8 Tat_{i,t}+\beta_9 CF_{i,t}+\beta_{10} Salary1_{i,t}+\beta_{11} Age_{i,t}+\beta_{12} Inditor_{i,t}+$$
$$\sum Year+\sum Ind+\varepsilon_{i,t} \tag{5.7}$$

其中，解释变量 $Visit$ 分别代表分析师实地调研次数（$VisitN$）、实地调研涉及的融资主题（RZ）、实地调研涉及的战略主题（ZL）以及实地调研文本信息的积极性（$VisitT$）。主要关注回归系数 β_1 的符号和显著性，如果 β_1 显

分析师实地调研与企业融资约束

著为负，则表明分析师实地调研降低了企业债务融资成本，假设成立。控制变量包括：企业规模（*Size*）、资产负债率（*LEV*）、有形资产比重（*PPe*）、成长性（*Growth*）、总资产周转率（*Tat*）、现金流量（*CF*）、前三名高管薪酬（*Salary*1）、股权集中度（*First*）、独立董事比例（*Inditor*）、上市时间（*Age*）、产权性质（*SOE*），同时控制年份和行业。各变量定义如表 5-11 所示。

表 5-11 变量定义

变量类型	变量名称	变量符号	变量说明
因变量	债务融资成本	*Crd*	利息支出/总负债
		*Crd*2	（利息支出+手续费+其他财务费用）/总负债
自变量	调研次数	*VisitN*	分析师对上市公司实地调研的次数
	调研文本信息特征	*VisitT*	文本信息语气=（积极词数量－消极词数量）/（积极词数量+消极词数量）。*visitT* 值越大，代表分析师实地调研传递的信息越积极
		Pos	调研文本积极词数量
		Neg	调研文本消极词数量
		RZ	如果调研内容涉及企业融资相关的主题，*RZ* 取值为1，否则为0
		ZL	如果调研内容涉及企业战略相关的主题，*ZL* 取值为1，否则为0
控制变量	企业规模	*Size*	期末资产的自然对数
	财务杠杆	*LEV*	期末负债/期末资产
	有形资产比例	*PPe*	（期末存货净额+固定资产净额）/期末总资产
	产权性质	*SOE*	当上市公司为国有控股时取1，否则取0
	股权集中度	*First*	第一大股东持股比例
	营业收入增长率	*Growth*	当年度营业收入与上年度营业收入之差除以上年度营业收入
	总资产周转率	*Tat*	营业收入/平均资产总额
	现金流	*CF*	经营活动产生的现金净流量/期初总资产
	高管薪酬	*Salary*1	公司前三位高管收入总和取自然对数
	企业年龄	*Age*	企业上市年限

变量类型	变量名称	变量符号	变量说明
控制变量	独立董事比例	*Inditor*	独立董事人数/董事会人数
	年份	*Year*	年份虚拟变量
	行业	*Ind*	行业虚拟变量

5.2.3　实证结果与分析

（1）描述性统计。

本节主要变量的描述性统计结果如表 5-12 所示，样本总量 6484 个。样本中债务融资成本（*Crd*）的均值为 0.0173，表明深交所上市公司利息支出占总负债的比例为 1.73%。分析师实地调研次数（*VisitN*）的最大值为 54，最小值为 1，说明不同公司的分析师实地调研情况存在较大的不同；平均来看，样本公司每年接受分析师实地调研次数为 4.7。从调研内容来看，涉及企业融资主题（*RZ*）的均值为 0.412，说明每次调研中融资问题被关注的概率为 41.2%；涉及企业战略主题（*ZL*）的均值为 0.966，说明每次调研中战略问题被关注的概率为 96.6%。公司规模（*Size*）的均值为 21.9，标准差为 1.08；资产负债率（*LEV*）的均值为 0.393，标准差为 0.195；有形资产比例（*PPe*）的均值为 0.196，标准差为 0.145；产权性质（*SOE*）均值为 0.172，表明 17.2%的样本为国有企业，这说明分析师实地调研对象主要是非国有企业。独立董事比例（*Inditor*）的均值为 0.376，标准差为 0.0559，说明样本公司在公司规模、有形资产比例和公司治理结构方面存在差异。

表 5-12　描述性统计

变量	样本	均值	最大值	最小值	25%分位	中位数	75%分位	标准差
Crd	6484	0.0173	0.231	0	0.0049	0.0157	0.027	0.0186
VisitN	6484	4.7	54	1	2	3	6	4.56
Size	6484	21.9	28.9	18.5	21.1	21.8	22.5	1.08
LEV	6484	0.393	3.26	0.008	0.235	0.381	0.53	0.195
PPe	6484	0.196	0.948	0	0.0842	0.168	0.275	0.145
SOE	6484	0.172	1	0	0	0	0	0.377

续表

变量	样本	均值	最大值	最小值	25%分位	中位数	75%分位	标准差
First	6484	32.6	89.4	3	21.7	30.6	41.5	13.8
Growth	6484	0.354	363	−0.988	0.014	0.153	0.33	4.85
Tat	6484	0.649	12.4	0.0005	0.375	0.546	0.775	0.525
CF	6484	0.0482	0.971	−4.05	0.0047	0.0478	0.0955	0.114
Salary1	6484	14.4	17.4	11.9	14	14.4	14.8	0.665
Age	6484	7.67	27	0	3	6	10	6.15
Inditor	6484	0.376	0.75	0.143	0.333	0.333	0.429	0.0559
RZ	6484	0.412	1	0	0	0	1	0.492
ZL	6484	0.966	1	0	1	1	1	0.182

（2）自变量之间的相关关系。

表5-13列示了采用Pearson相关系数进行检验的结果，表格中"＊"代表显著性水平，其中"＊＊＊"代表在1%的水平上显著相关，"＊＊"代表在5%的水平上显著相关，"＊"代表在10%的水平上显著相关。从表中可以看出所有解释变量之间相关系数均小于0.5，表明自变量之间不存在明显的多重共线性问题。

（3）回归结果分析。

表5-14列示了采用普通最小二乘法并控制异方差的回归结果，根据模型（5.7）的回归结果显示，在控制行业和年份的情况下，第（1）列VisitN的回归系数为负且在1%的水平上显著，说明分析师实地调研次数的增加有利于企业债务融资成本的下降。第（2）列中RZ的回归系数不显著，说明涉及融资主题的调研对企业债务融资成本的影响不显著，可能的原因是融资主题的信息反映了企业的融资需求。相对于股权投资者，债权人风险防范意识较强。企业融资需求信息的释放使债权人提高警惕，更加关注企业未来的偿债能力。而调研信息的语气语调越积极，越能向市场传递积极信号，产生正面的市场反应。在第（4）列涉及融资主题的样本中，VisitT的回归系数在5%的水平上显著为负，说明涉及融资主题的调研信息越积极，企业债务融资成本下降越明显。第（3）列中ZL的回归系数在5%的水平上显著为负，说明涉及战略主题的调研降低了企业债务融资成本，可能的原因是战略信息反映企业未来的发展规划，而如果企业未来的发展方向与国家产业政策相一致，

表 5-13　各自变量之间的相关性

变量	VisitN	Size	LEV	PPe	SOE	First	Growth	Tat	CF	Salary1	Age	Inditor	RZ	ZL
VisitN	1													
Size	0.1466*	1												
LEV	0.0279*	0.4892*	1											
PPe	0.0052	0.0441*	0.0329*	1										
SOE	0.0164	0.2045*	0.2055*	0.1768*	1									
First	0.0011	0.0704*	0.0792*	0.1294*	0.1112*	1								
Growth	-0.0099	0.0167	0.0328*	-0.0289*	-0.0145	-0.0009	1							
Tat	0.0569*	0.0267	0.1615*	0.0048	0.0312*	0.0762*	0.0461*	1						
CF	0.0503*	0.0200	-0.1644*	0.1718*	0.0108	0.0449*	-0.0234	0.0641*	1					
Salaryl	0.1598*	0.4719*	0.1787*	-0.1112*	0.0637*	-0.0215	-0.0125	0.1071*	0.1090*	1				
Age	-0.0059	0.5072*	0.3540*	0.0969*	0.4107*	0.0004	0.0361*	0.0258*	-0.0088	0.2538*	1			
Inditor	-0.0191	-0.0063	-0.0172	-0.0385*	-0.0739*	0.0470*	-0.0102	-0.0352*	-0.0062	-0.0013	-0.028*	1		
RZ	0.2189*	0.1754*	0.1777*	-0.0157	0.0207	-0.0001	-0.0049	0.0059	-0.0628*	0.0799*	0.083*	-0.005	1	
ZL	0.1190*	-0.0107	-0.0280*	-0.1101*	-0.0762*	-0.0169	0.0066	-0.0136	0.0071	0.0558*	-0.049*	0.0006	0.085*	1

分析师实地调研与企业融资约束

企业会得到银行等债权人的资金支持。战略信息的释放缓解了企业与债权人之间的信息不对称，进而降低企业债务融资成本。总之，分析师实地调研次数以及涉及战略主题的调研均能降低企业债务融资成本，该结果支持了假设。

表5-14 分析师实地调研与企业债务融资成本的回归结果

变量	全样本	全样本	全样本	RZ = 1
	（1）	（2）	（3）	（4）
	Crd	Crd	Crd	Crd
VisitN	-0.0301***			
	（-8.62）			
RZ		0.0890		
		（0.79）		
ZL			-0.213**	
			（-2.06）	
VisitT				-0.292**
				（-2.05）
Size	0.105***	0.0236	0.0791***	0.0703**
	（3.94）	（0.34）	（3.00）	（2.31）
LEV	2.513***	9.115***	2.550***	2.195***
	（12.40）	（26.97）	（12.51）	（14.56）
PPe	2.441***	5.634***	2.414***	2.880***
	（14.77）	（14.32）	（14.57）	（16.75）
SOE	-0.321***	-0.430***	-0.323***	-0.232***
	（-6.44）	（-2.67）	（-6.45）	（-3.18）
First	-0.00912***	-0.0161***	-0.0089***	-0.0092***
	（-6.54）	（-4.01）	（-6.38）	（-5.15）
Growth	-0.0045**	-0.0005	-0.0043**	-0.0285**
	（-2.51）	（-0.04）	（-2.45）	（-2.15）
Tat	-0.111**	0.412***	-0.125**	-0.119***
	（-2.24）	（3.88）	（-2.51）	（-2.87）
CF	-0.898***	-0.713	-0.924***	-0.285
	（-2.60）	（-1.42）	（-2.61）	（-1.58）

续表

变量	全样本	全样本	全样本	RZ=1
	（1）	（2）	（3）	（4）
	Crd	Crd	Crd	Crd
Salary1	−0.227***	−0.449***	−0.251***	−0.261***
	（−7.34）	（−4.72）	（−8.09）	（−6.20）
Age	0.0132***	0.0149	0.0146***	0.0098**
	（3.62）	（1.34）	（4.02）	（2.01）
Inditor	0.337	0.460	0.371	0.551
	（0.89）	（0.47）	（0.99）	（1.27）
_cons	2.528***	1.802	3.458***	3.052***
	（4.12）	（1.15）	（5.65）	（4.42）
Year	控制	控制	控制	控制
Ind	控制	控制	控制	控制
N	6484	6484	6484	2668
adj. R-sq	0.176	0.174	0.171	0.216

注：***、**、*分别表示在1%、5%、10%的水平下显著。

5.2.4　稳健性检验

（1）改变被解释变量的度量方法。

借鉴魏志华等（2012）的做法，采用（利息支出+手续费+其他财务费用）/总负债（Crd2）作为债务融资成本的稳健性度量指标，其中分子代表企业的净财务费用。对模型（5.7）进行重新回归。表5-15的回归结果显示分析师实地调研次数以及涉及战略主题的调研都显著降低了企业债务融资成本，而涉及融资主题的调研信息积极性也显著降低了企业债务融资成本，与假设相一致。

表 5-15　改变债务融资成本度量方法的回归结果

变量	全样本	全样本	全样本	RZ=1
	（1）	（2）	（3）	（4）
	Crd2	Crd2	Crd2	Crd2
VisitN	−0.0237**			
	（−2.44）			

续表

变量	全样本	全样本	全样本	RZ=1
	（1）	（2）	（3）	（4）
	Crd2	Crd2	Crd2	Crd2
RZ		0.139		
		（1.15）		
ZL			−0.476**	
			（−2.47）	
VisitT				−0.265*
				（−1.80）
Size	0.00209	0.0739	0.0114	0.0819***
	（0.03）	（0.98）	（0.12）	（2.60）
LEV	9.521***	10.03***	9.934***	2.721***
	（13.86）	（27.68）	（11.85）	（17.47）
PPe	5.221***	5.874***	5.193***	2.746***
	（11.44）	（13.91）	（8.41）	（15.50）
SOE	−0.348***	−0.500***	−0.209	−0.285***
	（−3.33）	（−2.91）	（−1.35）	（−3.79）
First	−0.0144***	−0.0177***	−0.0107**	−0.0101***
	（−4.56）	（−4.09）	（−2.28）	（−5.49）
Growth	−0.00227	0.00752	−0.00661**	0.00423
	（−0.88）	（0.63）	（−2.50）	（0.31）
Tat	0.459***	0.394***	0.425**	−0.142***
	（3.43）	（3.47）	（2.05）	（−3.32）
CF	−0.714*	−1.125**	0.0889	−0.387**
	（−1.65）	（−2.07）	（0.19）	（−2.08）
Salary1	−0.529***	−0.551***	−0.641***	−0.260***
	（−4.68）	（−5.37）	（−4.24）	（−5.99）
Age	0.00174	0.0180	0.00996	−0.00369
	（0.18）	（1.51）	（0.85）	（−0.73）
Inditor	0.533	0.177	0.359	0.566
	（0.66）	（0.17）	（0.37）	（1.27）

续表

变量	全样本	全样本	全样本	$RZ=1$
	（1）	（2）	（3）	（4）
	Crd2	Crd2	Crd2	Crd2
_cons	3.638*	1.899	6.579***	2.911***
	（1.87）	（1.13）	（2.72）	（4.07）
Year	控制	控制	控制	控制
Ind	控制	控制	控制	控制
N	6484	6484	6484	2633
adj. R-sq	0.191	0.185	0.177	0.227

注：***、**、*分别表示在1%、5%、10%的水平下显著。

（2）内生性问题。

一方面，上述研究结果显示，分析师实地调研与企业债务融资成本在统计学上具有显著负相关关系，但是分析师更有可能前往有形资产占比高的上市公司进行实地调研，而这类公司债务融资成本往往较低，所以结论可能存在因果倒置的问题。为了解决此内生性问题，借鉴田轩等（2017）的做法，采用上市公司所在地是否开通高铁（GT）作为工具变量，进行两阶段最小二乘（2SLS）回归分析。表 5-16 列示了 2SLS 的相关检验与回归结果。首先，本书进行异方差稳健的 DWH 检验，P 值均为 0.0002，在 1% 的水平下拒绝了分析师实地调研变量外生的原假设，说明统计上确实存在内生性问题。进一步地，进行弱工具变量检验的结果显示 F 值为 140.69，大于 10，且 P 值为 0.0000，拒绝了存在弱工具变量的原假设。2SLS 的回归结果显示，第一阶段高铁开通促使分析师实地调研次数的增加，第二阶段 VisitN 的回归系数在 1% 的水平上显著为负，表明分析师实地调研降低了企业债务融资成本。研究结论与主检验结果一致。

表 5-16　工具变量 2SLS 的回归结果

变量	（1）	（2）
	第一阶段	第二阶段
	VisitN	Crd
GT	1.011***	
	（8.46）	

续表

变量	（1）第一阶段 VisitN	（2）第二阶段 Crd
VisitN		−0.205***
		(−4.44)
Size	0.905***	0.256***
	(9.85)	(5.43)
LEV	−1.388***	2.288***
	(−3.95)	(11.18)
PPe	0.340	2.468***
	(0.73)	(13.39)
SOE	−0.205	−0.338***
	(−1.17)	(−5.70)
First	−0.0069*	−0.010***
	(−1.74)	(−6.52)
Growth	−0.0069	−0.005**
	(−1.40)	(−2.53)
Tat	0.441***	−0.039
	(3.70)	(−0.69)
CF	1.066*	−0.714**
	(1.94)	(−2.41)
Salary1	0.806***	−0.068
	(7.71)	(−1.25)
Age	−0.0558***	0.004
	(−4.82)	(0.73)
Inditor	−1.642*	0.096
	(−1.67)	(0.23)
_cons	−25.80***	−1.959
	(−11.64)	(−1.48)
Year	控制	控制
Ind	控制	控制

续表

变量	(1) 第一阶段 *VisitN*	(2) 第二阶段 *Crd*
N	6484	6484
adj. R-sq	0. 087	0. 012
弱工具变量检验		
Robust F-statistic（instruments）	140. 69	
F-statistic p-value	0. 0000	
DWH 检验		
p-value　Durbin	0. 0002	
p-value　Wu-Hausman	0. 0002	

注：＊＊＊、＊＊、＊分别表示在 1%、5%、10%的水平下显著。

另一方面，由于样本仅包含有分析师实地调研的上市公司，这些调研公司往往拥有较大规模可抵押资产从而提高金融机构的信贷供给意愿，企业债务融资成本较低。因此可能存在由于样本自选择产生的内生性。为了克服分析师实地调研自选择问题造成的偏差，借鉴 Cheng 等（2019）的做法，采用了 Heckman 两阶段回归模型，具体模型如下：

$$P_r(Dvisit_{i,t}=1)=\alpha_0+\alpha_1 Size_{i,t-1}+\alpha_2 Age_{i,t-1}+\alpha_3 LEV_{i,t-1}+\alpha_4 SOE_{i,t-1}+\alpha_5 GDP_{i,t-1}+$$
$$\alpha_6 Numfirm_{i,t-1}+\alpha_7 Manu_{i,t-1}+\alpha_8 MSHARE_{i,t-1}+\alpha_9 Profit_{i,t-1}+$$
$$\alpha_{10}Inst_{i,t-1}+\alpha_{11}Rate_{i,t-1}+Year+\varepsilon_{i,t} \tag{5.8}$$

$$Crd_{i,t}=\beta_0+\beta_1 Visitn_{i,t}+\beta_2 Size_{i,t}+\beta_3 age_{i,t}+\beta_4 LEV_{i,t}+\beta_5 SOE_{i,t}+\beta_6 PPe_{i,t}+$$
$$\beta_7 First_{i,t}+\beta_8 Growth_{i,t}+\beta_9 Tat_{i,t}+\beta_{10}CF_{i,t}+\beta_{11}Salary1_{i,t}+\beta_{12}Inditor_{i,t}+$$
$$\beta_{13}\lambda+\sum Year+\sum Ind+\varepsilon_{i,t} \tag{5.9}$$

其中，*Dvisit* 是分析师实地调研的虚拟变量，如果企业当年至少被分析师调研一次，取 1，否则为 0。模型（5.8）为 Heckman 第一阶段回归，根据 Cheng 等（2019）的做法，控制了公司规模（*Size*）、企业上市年限（*Age*）、财务杠杆（*LEV*）、产权性质（*SOE*）、上市公司所在城市 GDP 增长率（*GDP*）、被调研企业所在城市的上市公司的数量（*Numfirm*）、企业是否属于制造业企业（*Manu*）、市场份额（*MSHARE*）、企业是否盈利（*Profit*）、机构持股比例（*Inst*）、信息质量（*Rate*）等影响分析师实地调研决策的变量并且

分析师实地调研与企业融资约束

自变量取滞后一期，建立分析师实地调研的选择模型，并估计逆米尔斯比率（*IMR*）。λ 为第一阶段模型（5.8）中计算的 *IMR*。然后将 λ 代入模型（5.9）作为控制变量，以控制样本选择偏误问题。模型（5.9）中，如果 *VisitN* 的系数 β_1 显著为负，即分析师实地调研次数的增加显著降低了企业债务融资成本。

表 5-17 列示了 Heckman 两阶段的回归结果，第（1）列列示了 Heckman 两阶段的第一阶段回归结果。从第（1）列可以看出，*LEV* 的回归系数在 1% 的水平上显著为负，表明企业资产负债率的提高会降低分析师实地调研的可能性；*Manu* 的回归系数在 1% 的水平上显著为正，表明制造业企业由于有形资产占比较高能显著提高分析师实地调研的可能性。第（2）列显示，λ 回归系数显著区别于 0，说明模型存在样本自选择偏差，在控制分析师实地调研的自选择偏差后，*VisitN* 的回归系数为负且在 1% 的水平上显著，表明分析师实地调研次数的增加有助于企业债务融资成本的下降。实证结果再次验证了假设。

表 5-17　Heckman 两阶段回归结果

变量	(1)	(2)
	Dvisit	*Crd*
VisitN		-0.0306***
		(-6.50)
Size	0.0079	0.123***
	(0.24)	(4.37)
LEV	-0.597***	2.292***
	(-4.40)	(14.34)
SOE	-0.0228	-0.352***
	(-0.37)	(-5.73)
Age	-0.0134***	0.0159***
	(-2.78)	(3.24)
GDP	0.0031	
	(0.47)	
Numfirm	0.0009***	
	(3.78)	

续表

变量	(1)	(2)
	Dvisit	Crd
Manu	0.215 ***	
	(4.47)	
MSHARE	0.154	
	(0.84)	
Profit	0.0675	
	(0.91)	
Inst	0.0088 **	
	(2.23)	
Rate	0.379 ***	
	(5.43)	
PPe		3.248 ***
		(21.03)
First		-0.0086 ***
		(-5.55)
Growth		-0.0046
		(-1.06)
Tat		-0.0519
		(-1.21)
CF		-1.008 ***
		(-5.25)
Salary1		-0.227 ***
		(-5.95)
Inditor		0.261
		(0.71)
λ		0.874 *
		(1.94)
_cons	0.874	0.918
	(1.27)	(1.40)
Ind		控制

续表

变量	(1)	(2)
	Dvisit	*Crd*
Year	控制	控制
adj. R-sq		0.179
Loglikelihood	−1829.8751	
LR chi² (16)	166.49	
Prob>chi²	0.0000	
Pseudo R²	0.0447	
N	7012	6484

注：＊＊＊、＊＊、＊分别表示在1%、5%、10%的水平下显著。

5.2.5 分析师实地调研对企业债务融资成本的影响机理

（1）信息效应。

如果分析师实地调研的信息效应可以降低企业债务融资成本，那么这一效应在信息不对称程度较高的公司会更为显著。对于信息环境较差的公司，债权人与企业的信息不对称程度较高，债权人面临的信息风险水平较高，因此，要求更高的违约风险补偿。分析师实地调研提高了公司信息透明度，降低了债权人的风险溢价水平。而在信息环境较好的公司，债务人的违约风险较低，分析师实地调研发挥的信息效应较弱。因此，在信息环境较差的公司，分析师实地调研对企业债务融资成本的影响更显著。表5-18回归结果第（1）、第（2）列显示，信息透明度较高的样本中，*VisitN*的回归系数为−0.0143且在1%的水平上显著，信息透明度较低的样本中，*VisitN*的回归系数为−0.0292且在1%的水平上显著。进一步采用Chowtest检验，P值小于0.1，说明两组样本中*VisitN*的回归系数存在显著差异，分析师实地调研对企业债务融资成本的影响在信息环境较差的公司更显著。

表5-18 分析师实地调研对企业债务融资成本的影响机理回归结果

变量	信息透明度高	信息透明度低	代理成本高	代理成本低
	(1)	(2)	(3)	(4)
	Crd	*Crd*	*Crd*	*Crd*
VisitN	−0.0143＊＊＊	−0.0292＊＊＊	−0.0240＊＊＊	−0.0226＊＊＊
	(−2.89)	(−6.36)	(−4.70)	(−4.93)

续表

变量	信息透明度高	信息透明度低	代理成本高	代理成本低
	（1）	（2）	（3）	（4）
	Crd	Crd	Crd	Crd
Size	0.000644	0.188***	0.107***	−1.89*
	（0.02）	（7.76）	（3.54）	（−1.90）
LEV	2.461***	2.180***	2.504***	2.550***
	（11.47）	（19.21）	（18.44）	（19.15）
PPe	2.660***	2.115***	2.603***	2.259***
	（11.69）	（13.98）	（13.79）	（13.32）
SOE	−0.262***	−0.304***	−0.252***	−0.247***
	（−3.49）	（−5.12）	（−3.55）	（−4.11）
First	−0.0097***	−0.0069***	−0.0086***	−0.0053***
	（−4.99）	（−5.02）	（−5.33）	（−3.40）
Growth	−0.0004	−0.0038	−0.0026	−0.0042
	（−0.03）	（−1.14）	（−0.14）	（−1.33）
Tat	−0.230***	−0.132***	−1.152***	−0.0388
	（−2.76）	（−3.71）	（−14.18）	（−1.07）
CF	−1.598***	−0.428***	−0.255	−0.495***
	（−4.55）	（−2.76）	（−1.22）	（−2.60）
Salary1	−0.0610	−0.213***	−0.106***	−0.198***
	（−1.24）	（−6.49）	（−2.66）	（−5.62）
Age	0.0069	0.0107***	0.0145***	0.0102**
	（1.11）	（2.78）	（2.99）	（2.51）
Inditor	0.733	0.551*	0.587	0.430
	（1.48）	（1.72）	（1.54）	（1.12）
Chowtest				
F 统计量	4.48		3.27	
P−value	0.0343		0.0706	
_cons	1.718*	0.840	0.360	4.368***
	（1.96）	（1.42）	（0.54）	（8.12）
Year	控制	控制	控制	控制

续表

变量	信息透明度高	信息透明度低	代理成本高	代理成本低
	（1）	（2）	（3）	（4）
	Crd	Crd	Crd	Crc
Ind	控制	控制	控制	控制
N	1575	4909	3243	3244
adj. R-sq	0.312	0.256	0.244	0.250

注：***、**、*分别表示在1%、5%、10%的水平下显著。

（2）监督效应。

如果分析师实地调研的监督效应可以降低企业债务融资成本，那么这一效应对代理成本较高的公司更为显著。在代理成本较高的公司中，债务人的自利行为更严重。分析师实地调研可以对管理层的经营行为进行监督，防止管理层机会主义行为。同时，分析师现场参观调研公司的办公场所、生产车间，及时掌握调研公司资产状况。而良好的资产能够提高对责权人权益的保护，赢得债权人的信赖。而在代理成本较低的公司，企业把债权人的利益放在首位，管理层自我约束能力较强，分析师实地调研发挥的监督作用有限。因此，在代理成本较高的公司，分析师实地调研降低企业债务融资成本的作用更显著。表5-18回归结果第（3）、第（4）列显示，代理成本较高的样本中，VisitN 的回归系数为-0.0240且在1%的水平上显著，代理成本较低的样本中，VisitN 的回归系数为-0.0226且在1%的水平上显著。进一步采用 Chowtest 检验，P 值小于0.1，说明两组样本中 VisitN 的回归系数存在显著差异，分析师实地调研对企业债务融资成本的影响在代理成本较高的公司更显著。

5.2.6 基于企业与分析师异质性的分析

（1）分析师实地调研对不同产权性质企业债务融资成本的影响。

产权性质的不同会影响企业的债务融资成本。分析师实地调研可以降低企业和债权人之间的信息不对称程度和债权人的风险溢价水平。对于融资约束较高的非国企来说，分析师实地调研对其债务融资成本的影响更显著。而对于陷入财务困境的国有企业仍更有可能比非国有企业得到政府的救助，银行债务风险较低。所以分析师实地调研对国有企业债务融资成本的影响不显

著。表 5-19 回归结果第（1）、第（2）列显示，国有企业样本中，*VisitN* 的
回归系数为 -0.0206 且在 5% 的水平上显著，非国有企业样本中，*VisitN* 的回
归系数为 -0.0300 且在 1% 的水平上显著。进一步采用 Chowtest 检验，P 值小
于 0.1，说明两组样本中 *VisitN* 的回归系数存在显著差异，分析师实地调研对
企业债务融资成本的影响在非国有企业中较大。

表 5-19　企业异质性的回归结果

变量	国企	非国企
	（1）	（2）
	Crd	*Crd*
VisitN	-0.0206**	-0.0300***
	(-2.58)	(-7.88)
Size	0.0586	0.129***
	(1.47)	(5.43)
LEV	1.660***	2.568***
	(8.17)	(22.46)
PPe	2.459***	2.132***
	(10.09)	(14.06)
First	-0.0144***	-0.0069***
	(-5.63)	(-5.47)
Growth	0.0107	-0.0045
	(0.24)	(-1.43)
Tat	-0.189**	-0.150***
	(-2.04)	(-4.34)
CF	-0.659	-0.640***
	(-1.33)	(-4.38)
*Salary*1	-0.326***	-0.189***
	(-4.90)	(-6.21)
Age	0.0104	0.0127***
	(1.64)	(3.29)
Inditor	0.103	0.696**
	(0.16)	(2.34)

变量	国企	非国企
	（1）	（2）
	Crd	*Crd*
Chowtest		
F 统计量	6. 46	
P-value	0. 0110	
_ *cons*	5. 622 ***	1. 423 ***
	(5. 45)	(2. 61)
Year	控制	控制
Ind	控制	控制
N	1113	5371
adj. R-sq	0. 380	0. 247

注：*** 、** 、* 分别表示在 1%、5%、10%的水平下显著。

（2）不同类型分析师实地调研对企业债务融资成本影响的差异。

分析师之间的个体差异性会影响实地调研效果，主要表现为其声誉和利益冲突两个方面。声誉方面，分析师通过提供高质量的研究报告、良好的职业道德来提高自己的声誉。高声誉可以为分析师个人带来较高的回报，同时也约束着分析师行为。在美国，高声誉的分析师薪酬相当可观，大券商的明星分析师报酬通常为 30 万~60 万美元，最高可达 100 万美元；在中国，行业内一类券商分析师的薪酬水平通常为年薪 10 万~20 万元，而明星分析师则更高。声誉对分析师工作质量也具有监督作用表现为明星分析师发布的投资评级更独立和客观，盈余预测更准确。因此，明星分析师在实地调研中会充分挖掘私有信息，提高调研报告质量，引导投资者做出正确的决策。本书将证监会每年评为 AA 级的券商界定为知名券商，来自知名券商的分析师定义为明星分析师，否则为非明星分析师。从表 5-20 回归结果可以看出，第（1）列 *VisitN* 的回归系数在 1%的水平上显著为负，第（2）列 *VisitN* 的回归系数为负但不显著，表明明星分析师实地调研能显著降低企业债务融资成本，而非明星分析师实地调研对企业债务融资成本的影响不显著。与本书的逻辑分析一致。

表 5-20　分析师异质性的回归结果

变量	明星分析师 (1) Crd	非明星分析师 (2) Crd	承销商分析师 (3) Crd	非承销商分析师 (4) Crd	股权关联分析师 (5) Crd	非股权关联分析师 (6) Crd
VisitN	-0.0276*** (-7.75)	-0.0533 (-1.62)	-0.0226*** (-4.99)	-0.0282*** (-4.92)	-0.0188*** (-3.75)	-0.0299*** (-6.27)
Size	0.115*** (5.24)	0.0897 (1.52)	0.0391 (1.25)	0.159*** (5.92)	0.0467 (1.21)	0.164*** (6.65)
LEV	2.393*** (22.51)	2.183*** (7.66)	2.301*** (13.41)	2.361*** (19.11)	2.170*** (10.15)	2.316*** (20.60)
PPe	2.269*** (16.52)	2.014*** (5.76)	2.535*** (12.58)	2.150*** (12.98)	2.597*** (10.07)	2.116*** (14.43)
SOE	-0.343*** (-6.73)	-0.118 (-0.90)	-0.271*** (-3.90)	-0.291*** (-4.63)	-0.308*** (-3.41)	-0.304*** (-5.48)
First	-0.008*** (-6.38)	-0.01*** (-4.21)	-0.01*** (-5.40)	-0.0076*** (-5.19)	-0.0097*** (-4.24)	-0.0081*** (-6.22)
Growth	-0.0029 (-0.92)	-0.0099 (-0.66)	0.0081 (0.43)	-0.0043 (-1.33)	0.0375** (2.05)	-0.0052 (-1.61)
Tat	-0.140*** (-4.16)	-0.35*** (-3.03)	-0.124* (-1.85)	-0.152*** (-4.06)	-0.225*** (-3.70)	-0.123*** (-3.26)
CF	-0.644*** (-4.44)	-1.022* (-1.89)	-1.401*** (-4.68)	-0.492*** (-3.04)	-2.134*** (-5.87)	-0.454*** (-2.97)
Salary1	-0.198*** (-6.70)	-0.23*** (-2.97)	-0.179*** (-4.18)	-0.233*** (-6.55)	-0.143*** (-2.87)	-0.202*** (-6.19)
Age	0.0094*** (2.62)	0.0210** (2.40)	0.0076 (1.49)	0.0107** (2.51)	0.0022 (0.36)	0.0141*** (3.65)
Inditor	0.530* (1.81)	1.016 (1.35)	0.577 (1.36)	0.623* (1.75)	-0.203 (-0.38)	0.877*** (2.79)
Chowtest						
F 统计量	6.07		4.83		5.94	
P-value	0.0100		0.0279		0.0149	

分析师实地调研与企业融资约束

变量	明星分析师	非明星分析师	承销商分析师	非承销商分析师	股权关联分析师	非股权关联分析师
	（1）	（2）	（3）	（4）	（5）	（6）
	Crd	Crd	Crd	Crd	Crd	Crd
_cons	2.142***	3.139**	3.690***	1.482**	3.007***	1.006*
	（4.17）	（2.24）	（5.14）	（2.30）	（3.55）	（1.66）
Year	控制	控制	控制	控制	控制	控制
Ind	控制	控制	控制	控制	控制	控制
N	5512	972	2354	4130	1465	5019
adj. R-sq	0.270	0.249	0.261	0.263	0.243	0.277

注：***、**、*分别表示在1%、5%、10%的水平下显著。

利益冲突方面，分析师分别与上市公司和机构投资者存在利益冲突。承销商分析师在面临所属券商投行部门的压力时，其客观的职业判断可能会受到影响。由于承销收入是投行业务的主要收入来源，而投行业务收入又是证券公司收入的重要组成部分，所以，承销商分析师更倾向于乐观的盈余预测和股票评级（周冬华和赵玉洁，2016），最终影响债权投资者对企业偿债能力的判断。因此，承销商分析师的乐观倾向也会影响其实地调研中信息的收集和专业解读，进而加剧了债权人的投资风险。与承销商分析师相比，非承销分析师调研对企业债务融资成本的影响更显著。借鉴原红旗和黄倩茹（2007）的做法，如果分析师所属的证券公司是上市公司的承销商，那么该分析师界定为承销商分析师，否则为非承销商分析师。承销商包含三大类，即在一家公司首发、增发、配股时的主承销商、副主承销商以及分销商。表5-20回归结果第（3）、第（4）列显示，承销商分析师调研样本中，VisitN的回归系数为-0.0226且在1%的水平上显著，非承销商分析师调研样本中，VisitN的回归系数为-0.0282且在1%的水平上显著。进一步采用Chowtest检验，P值小于0.1，说明两组样本中VisitN的回归系数存在显著差异，非承销商分析师实地调研对企业债务融资成本的影响较大。

作为机构投资者，基金公司是券商承销证券的主要购买者，拥有在各券商之间分配交易佣金的权力。同时，大量券商也参股甚至控股基金公司使券商与基金公司形成基金股权关联关系。这种股权关联关系将券商和基金的长期利益绑定在一起,券商有强烈的动机利用分析师的调研活动提升基金的业绩,从而实现券商和基金公司整体利益的最大化。理性的基金股权关联分析师会对关联基金重仓股发布乐观的评级报告以提升基金业绩,进而增加基金公司的资产管理规模和利润,然而却忽视了债权投资者的利益。银行等债权人从基金股权关联分析师的调研中很难准确判断债务人的经营管理水平和偿债能力。与基金股权关联分析师相比,非基金股权关联分析师实地调研对企业债务融资成本影响更显著。借鉴伊志宏等(2018)的做法,如果分析师 j 所属券商 b 是基金公司 c 的股东,基金公司 c 旗下的基金 m 在 $t-1$ 年重仓持股公司 i,若分析师 j 在 t 年对公司 i 进行实地调研,则该分析师为基金股权关联分析师,否则为非基金股权关联分析师。表 5-20 回归结果第(5)、第(6)列显示,基金股权关联分析师调研样本中,*VisitN* 的回归系数为-0.0188 且在 1%的水平上显著,非基金股权关联分析师调研样本中,*VisitN* 的回归系数为-0.0299 且在 1%的水平上显著。进一步采用 Chowtest 检验,P 值小于0.1,说明两组样本中 *VisitN* 的回归系数存在显著差异,非基金股权关联分析师实地调研对企业债务融资成本的影响更大。

第6章 分析师实地调研对企业融资规模的影响

融资规模是企业融资决策的核心问题。从融资约束的角度来说，内源融资基本不存在融资约束。当公司投资需要大量资金时，内部资金一般难以满足，外源融资成为公司融资的主要来源。在外源融资中，以股权融资还是债务融资为主，会受到外部宏观环境和企业内部股权结构等因素的影响。在市场信息不对称的情况下，公司股价被高估的可能性较小。此外，企业特征与融资成本也是我国上市公司偏好股权融资的主要原因（陆正飞和叶康涛，2004），然而 Graham 等（2016）基于美国上市公司数据分析表明，相对于企业行业和财务特征而言，宏观不确定性和货币政策调整等外部环境是影响企业融资结构更为重要的因素。所以，作为金融中介发展的中坚力量，证券分析师实地调研是否会促进企业外部融资额增加，并改变企业股权融资偏好，值得进一步研究。

6.1 理论分析与研究假设

分析师实地调研降低了上市公司和外部投资者之间的信息不对称，使外部投资者能及时了解企业真实的经营及财务状况，促进企业外源融资增加。信息不对称理论认为，受交易影响的双方拥有的信息是不对称的，一方比另一方掌握的信息要多，这会导致信息劣势方的逆向选择行为。作为资金持有者，其信息获取渠道受限，掌握上市公司的信息来源主要为公开信息。与上市公司相比，外部资金持有者处于信息劣势方，难以对企业未来的盈利性和发展的可持续性作出准确预测。为了合理应对这种非对称信息风险，资金持有者会要求在市场利率水平上增加风险溢价。分析师实地调研不仅能够对企业内部的私有信息进行充分挖掘，而且能够有效鉴别和传播企业已披露的公开信息，从而为企业和资金持有者搭建了信息的沟通桥梁，有助于投资者对企业价值做出更加准确的判断，提高公司的融资效率。股东和经理层之间的利益冲突也会影响资金流向。经理层的目标大多是实现自身效用的最大化，而股东的目标是实现企业价值的最大化，两者的目标差异会对企业经营决策产生较大的负面影响，这种负面影响也会波及企业的融资决策。此时，外部资金持有者对经理层通过损害公司利益来侵蚀外部资金持有人利益的行为产生忧虑，而自身却无法对经理层的行为设置合理的监督程序进行监督。分析师实地调研可以有效监督管理层行为。随着实地调研次数的增加，上市公司和投资者之间建立了相互信任的关系，提升了外部投资者对企业未来盈利及成长性的信心，增加了外部资金供给。当企业对外有融资需求时，为了获得低成本的资金，内部人对外隐藏负面信息或拖延披露负面信息甚至编制虚假财务信息的动机很强烈。分析师实地调研可以通过及时跟踪、走访调研公司来抑制管理层隐藏负面信息和虚假信息的行为。因此，分析师实地调研能够对企业价值进行准确的评估，增强投资者对企业已披露的与公司价值有关的所有信息的信赖程度，加深外部投资者对企业的了解，降低外部融资成本，进而增加外源融资额。基于以上分析，提出假设 1。

H1：分析师实地调研促进企业外部融资总额上升。

企业融资产生的直接后果是形成不同的资本结构。股权融资和债务融资均属于企业外源融资方式，如果分析师实地调研会影响企业外部融资规模，那么必然对企业融资结构产生影响。一方面，分析师实地调研缓解企业融资约束，充裕的资金流加大了股东和债权人的利益冲突，导致企业倾向于股权融资。Myers 和 Majluf（1984）认为由于存在信息不对称，发行新股会被外部投资者当成一个消极的信号，会导致企业价值被低估、股价下跌，进而损害股东的利益。为了避免股价下跌和保护原有股东的权益不被稀释，企业会选择债务融资。因此，根据融资优序理论，在外部融资时，债务融资是企业首选方式。然而，分析师实地调研降低了上市公司和投资者之间的信息不对称，缓解了企业融资约束。当企业资金流比较充裕时，股东与经理有强烈的动机去投资一些成功机会渺茫但一旦成功利润较高的项目。因为股东会从这些投资项目的成功中获得大部分收益，而债权人却承担投资失败的大部分损失，其收益只是固定的利息收入。因此，债权人的风险提高，也增加了企业债务融资难度，企业更倾向于股权融资。

另一方面，分析师实地调研降低了投资者之间的信息不对称程度，改变了投资者认知，提高了股票流动性，有利于企业选择股权融资方式。现代认知心理学认为，人是信息传递的媒介和加工系统。在认知过程中，由于采用有限理性的方式进行判断和思考，人会出现认知偏差，而且这将贯穿人们认知的整个过程。因此，信息获取和信息加工是投资者制定决策的前提，投资者将这些信息转化为能识别的认知信号，然后根据这些信号进行判断和做出投资决策。但是，投资者在信息加工的过程中会出现认知偏差，而分析师关注能够改变投资者认知，扩大知情投资者的数量进而降低权益融资成本（肖斌卿等，2010），增加股权融资额。此外，企业融资方式的选择依赖于资本市场证券的价格。Brav 等（2004）对美国资本市场的首席财务总监进行问卷调查发现，公司在股票价格被低估时更倾向于股票回购。如果股票价格偏高则发行股票融资更加恰当。分析师实地调研加快了企业信息在投资者之间的传播，提高了股票流动性，促使股价上升。依据市场择时理论，企业倾向于股权融资。同时，股权融资减轻了管理层还本付息的压力。基于以上分析，提出假设2。

H2：与债务融资相比，分析师实地调研使企业股权融资比重增加。

6.2　研究设计

6.2.1　变量度量

（1）被解释变量。

从融资增量的视角度量融资规模，借鉴顾乃康和年荣伟（2018）的做法，新增外部融资总额 ΔWR 为新增外部权益融资额 ΔEC（当年吸收权益性投资收到的现金与年初总资产之比）加新增外部债务融资额 ΔDC（当年发行债券收到的现金加上取得借款收到的现金减去偿还债务支付的现金与年初总资产之比）之和。在稳健性检验中，借鉴李汇东等（2013）的做法，从现金流量表出发，采用企业筹资活动现金流净额占当期总资产的比例衡量融资规模（$WR2$）。

（2）分析师实地调研。

分析师实地调研的度量分别从调研次数和调研内容两个方面进行，度量方法与前文保持一致。首先，借鉴曹新伟等（2015）的研究，采用分析师对上市公司调研次数（*VisitN*）作为分析师实地调研的代理变量。其次，借鉴 Cheng 等（2019）对调研内容的分类方法，本书主要研究调研内容是否涉及融资（*RZ*）和战略（*ZL*）主题。如果调研内容涉及企业融资相关的主题，*RZ* = 1，否则为 0；如果调研内容涉及企业战略相关的主题，*ZL* = 1，否则为 0。

（3）控制变量。

借鉴已有的文献，控制了影响融资规模的企业特征变量包括企业规模 *Size*（期末资产的自然对数）、资产负债率 *LEV*（期末负债与期末资产之比）、盈利性 *EBIL*（折旧前息税前利润与营业总收入之比）、有形资产比例 *PPe*（期末固定资产净额+存货净额/期末总资产）、独立董事比例 *Inditor*（独立董事人数占董事会人数的比例）、权益乘数 *QS*（期末资产/期末权益）等。权衡理论认为，多元化经营的大公司具有稳定的现金流，所以，公司规模越大，资产负债率越高；而代理理论认为由于大公司的监督成本较低，所以，大公司偏好于股权融资，负债水平较低。根据优序融资理论，内部留存收益作为公司融资的优先选择，那么，公司盈利能力越强，产生的内部自由现金流越多，融资时更倾向于选择内源融资，所以，盈利能力越强，资产负债率越低。而信息不对称理论认为，高盈利能力的公司借助高财务杠杆可以向外界传递公司良好的财务状况的信号，所以，盈利能力与资产负债率正相关。汪强和吴世农（2007）发现独立董事比例与资产负债率显著正相关。曹廷求和孙文祥（2004）认为股权结构影响企业的资本结构。张敏和李延喜（2013）发现企业规模越大、盈利能力越强，越倾向股权融资。

公司向银行进行贷款时，常用的抵押品是存货和固定资产。站在债权人的角度，有形资产为债权人贷款的回收提供了保障，降低了贷款的坏账风险。因此，在外部融资时，有形资产较多的企业可以优先利用有形资产进行抵押借款，提高企业负债水平。所以，公司资产的有形性和担保价值采用存货和固定资产的合计数与总资产的比例来度量。

不同行业的公司经营状况不同，从而对资金的需求也可能不同。而且不同年份，资本市场和企业融资相关政策的变化也会对上市公司的融资行为产生影响，因此分别加入行业虚拟变量和时间虚拟变量以控制行业因素和时间因素的影响。具体变量定义见表6-1。

表 6-1 变量定义表

变量类型	变量名称	变量符号	变量说明
因变量	融资规模	ΔWR	由公式：$\Delta WR = \Delta EC + \Delta DC$ 计算得出
		$WR2$	企业筹资活动现金流净额占当期总资产的比例
自变量	调研次数	$VisitN$	分析师对上市公司实地调研的次数
	调研文本信息特征	$VisitT$	文本信息语气=（积极词数量−消极词数量）/（积极词数量+消极词数量）。$VisitT$ 值越大，代表分析师实地调研传递的信息越积极
		Pos	调研文本积极词数量
		Neg	调研文本消极词数量
		RZ	如果调研内容涉及企业融资相关的主题，RZ 取值为1，否则为0
		ZL	如果调研内容涉及企业战略相关的主题，ZL 取值为1，否则为0
		IS	调研中对企业战略问题提及的次数
控制变量	企业规模	$Size$	期末资产的自然对数
	财务杠杆	LEV	期末负债/期末资产
	有形资产比例	PPe	（期末存货净额+固定资产净额）/期末总资产
	股权集中度	GI	前十大股东持股比例之和
	独立董事比例	$Inditor$	独立董事人数/董事会人数
	盈利性	$EBIL$	息税折旧摊销前营业利润率
	现金持有量	$CASH$	期末现金等价物/期末总资产
	权益乘数	QS	期末资产总额/期末所有者权益总额
	年份	$Year$	年份虚拟变量
	行业	Ind	行业虚拟变量

6.2.2 模型设计

为了验证假设 1 和假设 2，建立模型（6.1）。由于被解释变量和解释变量之间可能存在内生性问题，模型中的解释变量和控制变量均采用滞后一期的数据，因此，一定程度上规避了内生性问题，模型如下：

$$\Delta WR_{i,t} = a_0 + a_1 Visit_{i,t-1} + a_2 Size_{i,t-1} + a_3 LEV_{i,t-1} + a_4 EBIL_{i,t-1} + a_5 PPe_{i,t-1} +$$

$$a_6 GI_{i,t-1} + a_7 Inditor_{i,t-1} + a_8 CASH_{i,t-1} + a_9 QS_{i,t-1} + \sum Year + \sum Ind + \varepsilon_{i,t}$$

$$(6.1)$$

其中，被解释变量（ΔWR）表示企业新增外部融资额，解释变量（$Visit$）分别表示分析师实地调研次数（$VisitN$），实地调研涉及的融资主题（RZ）、实地调研涉及的战略主题（ZL）。控制变量包括企业规模（$Size$）、资产负债率（LEV）、盈利能力（$EBIL$）、有形资产比例（PPe）、股权集中度（GI）、独立董事比例（$Inditor$）、现金持有量（$CASH$）、权益乘数（QS），并控制了年度（$Year$）和行业（Ind）变量。若模型中因变量为新增外部融资额 ΔWR 时，回归系数 a_1 显著为正，则意味着分析师实地调研会促进企业新增外部融资额上升，假设 1 成立。若因变量为新增外部股权融资额 ΔEC 时，回归系数 a_1 显著为正，而因变量为新增外部债务融资额 ΔDC 时，回归系数 a_1 不显著，说明分析师实地调研对企业股权融资规模的影响较大，假设 2 成立。

6.3　实证结果与分析

6.3.1　描述性统计

本章主要变量的描述性统计结果如表6-2所示，样本总量有5580个。样本中新增外部权益融资额（ΔEC）的均值为 9.6%，新增外部债务融资额（ΔDC）的均值为 6.29%，新增外部融资总额（ΔWR）的均值为 15.9%，权益融资的标准差为 0.522，最小值为 0，最大值为 24.2；债务融资的标准差为 0.431，最小值为-2.09，最大值为 23.3。比较分析可以看出，权益融资的描述性统计指标均大于债务融资，表明企业股权融资的偏好是存在的，而且不同企业的股权融资波动程度大于债务融资。这与我国上市公司总体上存在股权融资偏好的研究结论保持一致。分析师实地调研次数（$VisitN$）的最大值为44，最小值为1，说明不同公司的分析师实地调研情况存在较大的不同；平均来看，样本公司每年接受分析师实地调研次数为 4.91。从调研内容来看，涉及企业融资主题（RZ）的均值为 0.413，说明每次调研中融资问题被关注的概率为41.3%；涉及企业战略主题（ZL）的均值为 0.965，说明每次调研中战略问题被关注的概率为 96.5%。其他控制变量的描述性统计结果也与国内相关文献的结果相一致。

表6-2　描述性统计

变量	样本	均值	最大值	最小值	25%分位	中位数	75%分位	标准差
ΔWR	5580	0.159	28.3	-1.59	0	0.0398	0.164	0.717
ΔEC	5580	0.096	24.2	0	0	0.0013	0.0271	0.522
ΔDC	5580	0.0629	23.3	-2.09	-0.008	0.009	0.0864	0.431
$VisitN$	5580	4.91	44	1	2	3	7	4.55
$Size$	5580	22	26.4	18.6	21.2	21.8	22.6	1.09
LEV	5580	0.38	3.26	0.008	0.222	0.363	0.522	0.199
PPe	5580	0.332	0.948	0.0005	0.207	0.319	0.441	0.169
GI	5580	58.9	96	12.7	49.4	60.2	69.4	13.5
$Inditor$	5580	0.376	0.714	0.182	0.333	0.333	0.429	0.0558
$EBIL$	5580	0.207	152	-2.19	0.0991	0.161	0.238	2.04
$CASH$	5580	0.168	0.873	0.0006	0.0773	0.131	0.22	0.129
QS	5580	1.89	40.4	-26.9	1.28	1.57	2.09	1.36
RZ	5580	0.413	1	0	0	0	1	0.492
ZL	5580	0.965	1	0	1	1	1	0.184

6.3.2　相关性分析

表6-3列示了采用 Pearson 相关系数进行检验的结果，表中的"*"代表显著性水平，例如，"***"代表在1%的水平上显著相关，"**"代表在5%的水平上显著相关，"*"代表在10%的水平上显著相关。从表中可以看出绝大多数解释变量之间的相关系数均小于0.5，表明自变量之间明显的多重共线性问题是不存在的。

6.3.3　回归分析

表6-4列示了采用普通最小二乘法并控制异方差的回归结果，其中第（1）列在控制行业和年份的情况下，$VisitN$ 的回归系数在10%的水平上显著为正，表明分析师实地调研次数越多，促进企业外部融资额增加。从调研主题视角进行分析，第（2）列 RZ 的回归系数在1%的水平上显著为正，第（3）

表 6-3　各自变量之间的相关性

变量	VisitN	Size	LEV	PPe	GI	Inditor	EBIL	CASH	QS	RZ	ZL
VisitN	1										
Size	0.1239*	1									
LEV	0.0150	0.5668*	1								
PPe	-0.0114	0.1702*	0.2859*	1							
GI	0.0144	-0.0100	-0.0774*	0.0139	1						
Inditor	-0.0073	-0.0276*	-0.0320*	-0.0388*	0.0201	1					
EBIL	-0.0111	0.0134	-0.0065	-0.0331*	-0.0139	-0.0013	1				
CASH	0.0338*	-0.2644*	-0.4033*	-0.4049*	0.0848*	0.0287*	-0.0100	1			
QS	-0.0096	0.3797*	0.6290*	0.1889*	-0.0388*	-0.0199	0.0042	-0.2229*	1		
RZ	0.2294*	0.1821*	0.1897*	0.0279*	-0.0339*	-0.0122	-0.0112	-0.0727*	0.1315*	1	
ZL	0.1280*	-0.0093	-0.0295*	-0.1002*	0.0102	0.0044	-0.0696*	0.0434*	-0.0422*	0.0849*	1

注：***、**、*分别表示在 1%、5%、10%的水平下显著。

列 ZL 的回归系数不显著，表明涉及融资主题的调研信息促进了企业外部融资而涉及战略主题的调研对企业外部融资没有产生显著影响。该结果表明假设 H1 得到部分验证。战略主题的调研对企业外部融资没有显著影响，可能的原因在于涉及战略主题调研信息并不明确造成的，因此，后文进一步针对涉及战略主题的调研样本展开深入探究。然后，将新增外部融资额（ΔWR）进一步细分为股权融资（ΔEC）和债务融资（ΔDC）两部分进行回归。第（4）列 $VisitN$ 的回归系数在 5% 的水平上显著为正，表明分析师实地调研促进企业股权融资规模增加；第（5）列 $VisitN$ 的回归系数为正，但不显著，表明分析师实地调研对企业债务融资规模的影响不显著，原因可能是我国债务融资渠道主要是银行。银行信贷作为宏观调控的重要手段，信贷资金配置受国家政策的影响。而股权投资者主要通过资本市场获取上市公司信息进行投资决策。因此，分析师实地调研对资本市场中股权资金持有者投资决策影响较大，假设 2 得到验证。从控制变量的回归结果来看，企业现金持有量（$CASH$）在 1% 的水平上显著为负，表明企业经营活动现金流越充裕，对外部融资的依赖越弱，越倾向于内源融资，外部融资规模越小。股权集中度（GI）在 1% 的水平上显著为正，表明企业股权越集中，控股股东更有可能利用上市公司筹集外部资金来掏空上市公司，尤其是股权融资规模显著增加。研究结论与现有文献保持一致。

表 6-4　分析师实地调研与融资规模的回归结果

变量	(1) ΔWR	(2) ΔWR	(3) ΔWR	(4) ΔEC	(5) ΔDC
$VisitN$	0.132* (1.85)			0.115** (2.16)	0.0124 (0.29)
RZ		2.401*** (3.46)			
ZL			−2.031 (−0.91)		
$Size$	−3.590*** (−8.17)	−3.159*** (−7.34)	−3.028*** (−7.10)	−3.189*** (−9.84)	0.374* (1.69)
LEV	20.36*** (5.11)	19.34*** (4.97)	19.94*** (5.23)	14.28*** (4.82)	2.096 (1.08)

变量	（1）	（2）	（3）	（4）	（5）
	ΔWR	ΔWR	ΔWR	ΔEC	ΔDC
PPe	−17.73***	−19.09***	−19.54***	−5.463***	−12.45***
	（−6.60）	（−7.10）	（−7.22）	（−2.74）	（−8.37）
GI	0.125***	0.139***	0.137***	0.0521***	0.0745***
	（5.03）	（5.64）	（5.55）	（2.88）	（5.72）
Inditor	11.20*	10.78*	10.61*	7.140	2.864
	（1.86）	（1.83）	（1.81）	（1.50）	（0.92）
EBIL	0.206	0.236*	0.211	0.0462	0.202***
	（1.63）	（1.80）	（1.59）	（0.55）	（3.09）
CASH	−20.61***	−19.97***	−20.24***	−9.603***	−10.53***
	（−6.88）	（−6.71）	（−6.81）	（−4.40）	（−6.61）
QS	0.390	0.311	0.304	0.652	−0.0135
	（0.59）	（0.47）	（0.47）	（1.39）	（−0.04）
_cons	82.64***	70.37***	70.43***	64.43***	0.224
	（8.58）	（7.54）	（7.34）	（9.37）	（0.04）
Year	控制	控制	控制	控制	控制
Ind	控制	控制	控制	控制	控制
N	5580	5580	5580	5580	5580
adj.R-sq	0.053	0.083	0.082	0.089	0.044

注：***、**、*分别表示在1%、5%、10%的水平下显著。

6.4　稳健性检验

6.4.1　改变融资规模变量的度量方法

按照企业外源融资渠道的不同分为股权融资和债务融资，借鉴张悦玫和张芳（2019）的做法，采用股本和资本公积之和与期末总资产的比值度量权益融资（Gq），债务融资包括银行借款融资（BD，短期借款和长期借款之和与期末总资产的比值）、商业信用融资（SXS，应付账款、应付票据和预收账款三者相加之后除以期末总资产）和债券融资（QDS，应付债券除以期末总资产）。表6-5回归结果第（1）、第（2）、第（3）列显示，VisitN、RZ 的回归系数分别在10%和5%的水平上显著为正，ZL 的回归系数不显著，假设1部分得到验证。第（4）列 VisitN 的回归系数在1%的水平上显著为正，表明分析师实地调研促进了企业股权融资规模增加，假设2得到验证。第（5）、第（7）列 VisitN 的回归系数分别在1%和5%的水平上显著为负，第（6）列 VisitN 的回归系数在1%的水平上显著为正，表明分析师实地调研提高了企业信息透明度，增强了企业之间的相互信任程度，促进企业信用融资规模增加，抑制有息债务融资规模的扩张。最终导致分析师实地调研对企业债务融资总规模影响不显著。稳健性检验的结果与原结论保持一致。

表6-5　改变融资规模度量的回归结果

变量	（1）	（2）	（3）	（4）	（5）	（6）	（7）
	WR2	WR2	WR2	Gq	BD	SXS	QDS
VisitN	0.162 *			0.0297 ***	-0.156 ***	0.282 ***	-0.0277 **
	(1.82)			(3.19)	(-3.36)	(6.28)	(-2.01)
RZ		2.297 **					
		(2.43)					
ZL			-4.100				
			(-1.39)				
Size	-6.049 ***	-6.037 ***	-5.912 ***	2.534 ***	-0.956 *	-2.279 ***	1.110 ***
	(-2.81)	(-2.83)	(-2.81)	(54.24)	(-1.95)	(-4.95)	(14.15)
LEV	28.58 **	27.82 **	28.41 **	-2.849 ***	36.27 ***	36.99 ***	3.363 ***
	(2.42)	(2.34)	(2.41)	(-9.19)	(7.34)	(8.14)	(5.31)
PPe	-14.27 ***	-14.10 ***	-14.73 ***	1.200 ***	2.348	-2.364	-0.583
	(-2.61)	(-2.59)	(-2.70)	(4.08)	(1.51)	(-1.33)	(-1.16)
GI	0.0585	0.0612 *	0.0596 *	0.0077 ***	0.0250	0.0925 ***	-0.0172 ***
	(1.64)	(1.73)	(1.67)	(2.61)	(0.94)	(5.47)	(-3.04)
Inditor	3.880	3.953	3.774	3.308 ***	19.36 ***	-4.966	-1.590
	(0.57)	(0.58)	(0.56)	(4.71)	(2.79)	(-1.23)	(-1.51)

续表

变量	(1)	(2)	(3)	(4)	(5)	(6)	(7)
	WR2	WR2	WR2	Gq	BD	SXS	QDS
EBIL	0.0371	0.0432	0.00478	−0.006	0.0633	−0.189***	−0.0265**
	(0.36)	(0.42)	(0.04)	(−0.31)	(1.17)	(−2.92)	(−2.33)
CASH	−13.05**	−12.56**	−12.82**	0.882**	−15.36***	1.852	0.643
	(−2.50)	(−2.45)	(−2.47)	(2.41)	(−4.32)	(0.77)	(1.04)
QS	1.408	1.383	1.365	−0.0532	0.564	0.327	−0.187**
	(0.74)	(0.73)	(0.72)	(−1.43)	(1.09)	(0.83)	(−2.57)
_cons	125.6***	125.3***	127.4***	−54.76***	23.66***	40.93***	−20.97***
	(2.78)	(2.80)	(2.88)	(−50.65)	(2.65)	(4.55)	(−11.74)
Year	控制	控制	控制	控制	控制	控制	控制
Ind	控制	控制	控制	控制	控制	控制	控制
N	5580	5580	5580	5580	5580	5580	5580
adj. R−sq	0.065	0.066	0.065	0.402	0.139	0.171	0.103

注：***、**、*分别表示在1%、5%、10%的水平下显著。

6.4.2　内生性问题

一方面，上述研究结果显示，分析师实地调研与企业融资规模在统计学上具有显著正相关关系，但是融资规模较大的企业更有可能吸引分析师实地调研，为其所属券商争取承销机会，赚取佣金费用，所以结论可能存在因果倒置的问题。为了解决此内生性问题，借鉴田轩等（2017）的做法，采用上市公司所在地是否开通高铁（GT）作为工具变量，进行两阶段最小二乘（2SLS）回归分析。表6-6列示了2SLS的相关检验与回归结果。首先，采用Hausman检验方法去检验分析师实地调研变量是否具有内生性。结果显示卡方值为51.79，且P值为0.0000，表明分析师实地调研具有内生性。进一步地，进行弱工具变量检验的结果显示F值为21.7，大于10，且P值为0.0000，拒绝了存在弱工具变量的原假设。2SLS的回归结果显示，第一阶段高铁开通显著促进了分析师实地调研次数的增加，第二阶段 VisitN 的回归系数在5%的水平上显著为正，表明分析师实地调研有助于增加企业外部融资规模。研究结论与主检验结果一致。

表 6-6 工具变量 2SLS 的回归结果

变量	（1）	（2）
	第一阶段	第二阶段
	VisitN	ΔWR
GT	1.079***	
	（8.38）	
VisitN		0.110**
		（1.97）
Size	0.929***	-0.398***
	（10.43）	（-8.38）
PPe	-0.366	-0.951***
	（-0.85）	（-6.01）
GI	0.0025	0.003**
	（0.55）	（1.98）
EBIL	-0.0296***	0.005
	（-7.53）	（0.78）
CASH	0.970*	-1.660***
	（1.87）	（-7.33）
QS	-0.133**	0.044
	（-2.24）	（0.95）
LEV	-1.443***	1.301***
	（-3.14）	（5.14）
Inditor	-0.895	1.155***
	（-0.83）	（2.65）
_cons	-15.55***	8.246***
	（-7.82）	（9.81）
Year	控制	控制
Ind	控制	控制
N	5580	5580
adj. R-sq	0.064	0.0304
弱工具变量检验		

续表

变量	（1）	（2）
	第一阶段	第二阶段
	VisitN	ΔWR
Robust F-statistic（instruments）	21.7	
F-statistic p-value	0.0000	
Hausman 检验		
卡方值	51.79	
p-value	0.0000	

注：＊＊＊、＊＊、＊分别表示在1%、5%、10%的水平下显著。

另一方面，企业自身特征会影响分析师实地调研决策。对于融资规模较大的企业，更可能借助分析师实地调研扩大融资宣传。同时，分析师通过调研也能为所属券商争取承销服务，赚取更多的佣金费用。所以，仅选择有分析师实地调研的样本检验分析师实地调研与企业融资规模之间的关系，可能存在由于样本自选择产生的内生性。为了克服分析师实地调研自选择问题造成的偏差，借鉴 Cheng 等（2019）的做法，采用了 Heckman（1979）两阶段回归模型，具体模型如下：

$$P_r(Dvisit_{i,t}=1)=\alpha_0+\alpha_1 Size_{i,t-1}+\alpha_2 Age_{i,t-1}+\alpha_3 LEV_{i,t-1}+\alpha_4 SOE_{i,t-1}+\alpha_5 GDP_{i,t-1}+$$
$$\alpha_6 Numfirm_{i,t-1}+\alpha_7 Manu_{i,t-1}+\alpha_8 MSHARE_{i,t-1}+\alpha_9 Profit_{i,t-1}+$$
$$\alpha_{10} Inst_{i,t-1}+\alpha_{11} Rate_{i,t-1}+Year+\varepsilon_{i,t} \tag{6.2}$$

$$\Delta WR_{i,t}=a_0+a_1 Visitn_{i,t-1}+a_2 Size_{i,t-1}+a_3 LEV_{i,t-1}+a_4 EBIL_{i,t-1}+a_5 PPe_{i,t-1}+$$
$$a_6 GI_{i,t-1}+a_7 Inditor_{i,t-1}+a_8 CASH_{i,t-1}+a_9 QS_{i,t-1}+\beta_{10}\lambda+\sum Year+$$
$$\sum Ind+\varepsilon_{i,t} \tag{6.3}$$

其中，*Dvisit* 是分析师实地调研的虚拟变量，如果企业当年至少被分析师调研一次，取 1，否则为 0。模型（6.2）为第一阶段回归，根据 Cheng 等（2019）的做法，控制了公司规模（*Size*）、企业年龄（*Age*）、资产负债率（*LEV*）、产权性质（*SOE*）、上市公司所在城市 GDP 增长率（*GDP*）、被调研企业所在城市的上市公司的数量（*Numfirm*）、企业是否属于制造业企业（*Manu*）、市场份额（*MSHARE*）、企业是否盈利（*Profit*）、机构持股比例（*Inst*）、信息质量（*Rate*）等影响分析师实地调研决策的变量并且自变量取滞后一期，建立分析师实地调研的选择模型（Probit 回归），并估计逆米尔斯比率。λ 为第一阶段模型（6.2）中计算的 IMR。利用第一步估计的逆米尔斯比率引入主模型作为自变量，以检验和控制样本选择偏误问题。模型（6.3）中，如果 *VisitN* 的系数 a_1 显著为正，即分析师实地调研可以显著增加企业外部融资额。

表 6-7 列示了 Heckman 两阶段的回归结果，第（1）列是 Heckman 两阶段的第一阶段回归结果。从第（1）列可以看出，*Manu* 的回归系数在 1% 的水平上显著为正，表明分析师对制造业企业实地调研的可能性较高，原因是制造业企业拥有更多可观察到的资产和生产活动，实地调研为分析师提供了观察经营资产和生产设施的机会；*Numfirm* 的回归系数在 1% 的水平上显著为正，表明被调研企业所在城市的上市公司数量越多，分析师调研的交通成本和时间成本越低，分析师前往该地区实地调研的概率越高；*Rate* 的回归系数在 1% 的水平上显著为正，表明企业信息质量越高，分析师更有可能被获准参观这家公司。第（2）列显示，λ 回归系数显著区别于 0，说明模型存在样本自选择偏差，在控制分析师实地调研的自选择偏差后，*VisitN* 的回归系数在 10% 的水平上显著为正，表明分析师实地调研有助于企业外部融资规模的增加。以上结果与主检验相一致。

表 6-7　Heckman 两阶段回归结果

变量	（1） *Dvisit*	（2） ΔWR
VisitN		0.177*
		(1.81)
Size	0.0079	-5.829***
	(0.24)	(-11.77)
LEV	-0.597***	23.54***
	(-4.40)	(6.20)
SOE	-0.0228	
	(-0.37)	
Age	-0.0134***	
	(-2.78)	

续表

变量	（1） Dvisit	（2） ΔWR
GDP	0.0031 （0.47）	
Numfirm	0.0009*** （3.78）	
Manu	0.215*** （4.47）	
MSHARE	0.154 （0.84）	
Profit	0.0675 （0.91）	
Inst	0.0088** （2.23）	
Rate	0.379*** （5.43）	
PPe		-18.46*** （-6.35）
GI		0.0560* （1.75）
Inditor		5.494 （0.73）
EBIL		0.0364 （0.17）
CASH		-14.57*** （-3.80）
QS		1.228*** （2.90）
λ		23.06*** （2.64）

续表

变量	(1)	(2)
	Dvisit	ΔWR
_ cons	0.874	119.9***
	(1.27)	(11.07)
Ind		控制
Year	控制	控制
adj. R-sq		0.055
Log likelihood	−1829.8751	
LR chi² (16)	166.49	
Prob>chi²	0.0000	
Pseudo R²	0.0447	
N	7012	5580

注：***、**、*分别表示在1%、5%、10%的水平下显著。

6.5 分析师实地调研对企业融资规模的影响机理

6.5.1 信息效应

企业信息环境的好坏会影响投资者决策。对于信息环境较差的公司来说，投资者对企业的信息需求较大，然而公开获得的信息却是有限的。分析师实地调研通过向投资者提供更多的增量信息以降低上市公司和投资者之间的信息不对称程度。随着实地调研次数的增加，企业信息更加公开透明，既使外部投资者对企业的信赖程度增加，又降低了投资者的信息风险，促进企业外源融资额增加。对于信息环境较好的公司来说，投资者因能从公开渠道获取更多的信息用于投资决策而对私有信息需求较小，所以分析师实地调研对这类企业融资规模影响不显著。

借鉴曹新伟等（2015）的做法，采用深圳证券交易所的信息披露质量评级，如果公司的信息披露质量考核结果为"优秀"，那么该公司属于信息透明度高组样本；如果公司的信息披露质量考核结果为"良好""及格""不及格"，那么该公司属于信息透明度低组样本。表6-8回归结果显示，第（1）、第（2）列显示在信息透明度低的公司中 *VisitN* 的回归系数在10%的水平上显著为正，而在信息透明度较高的公司中 *VisitN* 的回归系数在统计上不显著，表明对于信息环境较差的公司来说，分析师实地调研能够显著提高企业外部融资额。而对于信息环境较好的公司，分析师实地调研对企业外部融资规模的影响不显著，验证了本章的分析逻辑。

6.5.2　监督效应

分析师实地调研对企业融资规模的影响在不同的代理成本下可能存在显著差别。当公司代理成本较高时，分析师实地调研能够发挥实时监督的作用，抑制管理层的机会主义行为，缓解企业融资约束，进而扩大企业外部融资规模。而当公司代理成本较低时，管理层盈余管理活动较少，分析师实地调研通过监督管理层缓解企业融资约束的治理作用较小，对企业外部融资规模的影响也会减弱。因此，在代理成本较高的公司，分析师实地调研活动对公司融资规模的促进作用更明显。

借鉴郑宝红和曹丹婷（2018）的做法，采用管理费用与销售费用之和与主营业收入之比衡量管理者代理成本，并且以代理成本的中位数将全样本分为低代理成本和高代理成本两组。表6-8回归结果第（3）、第（4）列显示在代理成本高的公司中，*VisitN* 的回归系数在5%的水平上显著为正；而在代理成本较低的公司中，*VisitN* 的回归系数在统计上不显著。因此，验证了本章的分析逻辑，分析师实地调研通过降低代理成本来增加企业外部融资规模。

6.5.3　信号效应

分析师实地调研对企业融资规模的影响在不同的投资者关注度下可能也存在着差别。当投资者对上市公司关注度较高时，会吸引更多的分析师前去调研。原因是，一方面，投资者关注的公司往往也是分析师关注的焦点，关注点越高，对该公司的信息需求量越大，激发分析师实地调研的动机越强。另一方面，投资者关注度高的公司股票流动性较高，而作为资本市场的信息中介，分析师通过专业化的服务引导资金流向收益率较高的企业。所以，分析师实地调研对公司股票交易能起到推波助澜的作用。由于投资者认识到分析师往往选择高成长、高收益的上市公司进行实地调研，所以分析师实地调研行为可以向外界传递出调研公司未来高成长性的信号，吸引更多的投资者关注，缓解融资约束进而扩大融资规模。而当企业受到投资者关注度较低时，其受到分析师实地调研的概率也较低，分析师实地调研发挥的作用也有限。因此，在投资者关注度较低的样本公司中，分析师实地调研对企业融资规模的影响较小；而在投资者关注度较高的公司，分析师实地调研活动对公司融资规模的促进作用更强。

借鉴权小锋和吴世农（2012）的做法，以样本年度平均换手率作为投资者注意力程度的代理指标，换手率越高，投资者注意力程度越高。并将全样本按照年平均换手率的中位数分为投资者关注高和投资者关注低的两组。表 6-8 回归结果第（5）、第（6）列显示，在投资者关注高的公司中，*VisitN* 的回归系数在 5% 的水平上显著为正；在投资者关注低的公司中，*VisitN* 的回归系数在统计上不显著。因此，验证了本章的分析逻辑，分析师实地调研通过吸引投资者关注来扩大企业融资规模。

表 6-8　分组检验的回归结果

变量	信息透明度高	信息透明度低	代理成本高	代理成本低	投资者关注高	投资者关注低
	（1）	（2）	（3）	（4）	（5）	（6）
	ΔWR	ΔWR	ΔWR	ΔWR	ΔWR	ΔWR
VisitN	0.640	0.814*	0.0104**	0.0743	0.0151**	0.0238
	（0.91）	（1.72）	（1.98）	（0.65）	（2.36）	（0.29）
Size	−3.693***	−3.822***	−0.0322***	−4.965***	−0.0333***	−1.965***
	（−5.27）	（−7.99）	（−6.05）	（−8.38）	（−4.61）	（−4.37）
LEV	21.09**	21.61***	0.204***	23.79***	0.296***	14.87***
	（2.57）	（7.27）	（4.95）	（6.67）	（7.11）	（4.43）
PPe	−11.90**	−19.81***	−0.183***	−19.05***	−0.230***	−10.47***
	（−2.41）	（−6.94）	（−5.66）	（−4.72）	（−5.51）	（−3.83）
GI	0.0221	0.159***	0.001***	0.130***	0.0017***	0.108***
	（0.48）	（5.37）	（2.94）	（3.56）	（4.12）	（3.64）
Inditor	18.35*	9.690	0.252***	−4.773	0.0754	11.58*
	（1.65）	（1.37）	（3.05）	（−0.55）	（0.80）	（1.65）
EBIL	2.891	0.208	0.195***	0.176	0.144***	0.200
	（0.63）	（1.24）	（4.90）	（1.04）	（3.99）	（1.49）

变量	信息透明度高	信息透明度低	代理成本高	代理成本低	投资者关注高	投资者关注低
	（1）	（2）	（3）	（4）	（5）	（6）
	ΔWR	ΔWR	ΔWR	ΔWR	ΔWR	ΔWR
CASH	-21.73***	-19.70***	-0.166***	-21.62***	-0.296***	-9.396**
	(-3.96)	(-5.32)	(-3.17)	(-5.56)	(-6.43)	(-2.44)
QS	-0.198	0.464	0.0005	1.057**	0.0104**	-0.750*
	(-0.11)	(1.40)	(0.11)	(2.35)	(2.16)	(-1.85)
Chowtest						
F 统计量	3.5		4.7		3.9	
P-value	0.0610		0.0282		0.0484	
_cons	102.0***	84.76***	0.702***	111.8***	0.738***	45.86***
	(5.62)	(7.61)	(5.88)	(7.55)	(4.35)	(4.41)
Year	控制	控制	控制	控制	控制	控制
Ind	控制	控制	控制	控制	控制	控制
N	1422	4158	2799	2781	2791	2789
Adj. R-sq	0.076	0.051	0.060	0.065	0.081	0.025

注：***、**、*分别表示在1%、5%、10%的水平下显著。

6.6　基于企业与分析师异质性的分析

6.6.1　分析师实地调研对不同产权性质企业融资规模的影响

作为专业的机构投资者，分析师实地调研可以降低企业信息不对称程度，缓解融资约束，进而使企业外部融资规模扩大。从研究样本分布来看，分析师实地调研对象主要集中于非国有企业。相对于国有企业而言，分析师实地调研对非国有企业融资规模的影响更大。

表6-9回归结果显示，第（1）列 VisitN 的回归系数不显著，第（2）列 VisitN 的回归系数在1%的水平上显著为正，说明分析师实地调研显著增

分析师实地调研与企业融资约束

加了非国有企业外部融资规模，而对国有企业外部融资规模的影响不显著。

表6-9　产权性质、分析师实地调研与企业融资规模的回归结果

变量	国企	非国企
	(1)	(2)
	ΔWR	ΔWR
VisitN	0.0437	0.308***
	(0.49)	(2.75)
Size	-2.912***	-3.064***
	(-5.72)	(-5.74)
LEV	23.36***	17.38***
	(6.63)	(4.83)
PPe	-14.29***	-15.35***
	(-4.61)	(-4.36)
GI	0.137***	0.0386
	(4.49)	(1.04)
Inditor	8.113	11.76
	(1.14)	(1.25)
EBIL	0.218	0.711
	(1.25)	(0.22)
CASH	-17.39***	-17.71***
	(-4.88)	(-3.06)
QS	0.0736	0.694**
	(0.14)	(2.37)
Chowtest		
F统计量	6.82	
P-value	0.0090	
_cons	66.18***	72.31***
	(5.46)	(6.08)
Year	控制	控制
Ind	控制	控制

变量	国企	非国企
	（1）	（2）
	ΔWR	ΔWR
N	1157	4423
$adj.\ R-sq$	0.077	0.043

注：＊＊＊、＊＊、＊分别表示在1%、5%、10%的水平下显著。

6.6.2　不同类型分析师实地调研对企业融资规模影响的差异

对于不同类型的分析师而言，由于其影响力不同，其调研行为对企业融资规模的影响也存在明显差异。

分析师名气越大或其所在的证券公司名气越大，分析师研究报告为投资者带来的股票超额收益越高（汪弘等，2013）。由于当前"研报门"屡屡发生，投资者会有意识地筛选市场影响力较大的明星分析师出具的研究报告来进行阅读，引导自己的投资决策。于是投资者和明星分析师建立了一种相互信赖的关系。作为明星分析师也会为了维持自己的声誉，提高实地调研的信息含量。肖斌卿等（2017）研究发现，明星分析师调研确实具有一定的信息含量，且在挖掘行业优秀股票方面具有独特的能力。同时，分析师通常选择较为优质的行业中具有投资价值的企业进行调研。因此，明星分析师实地调研会吸引大量投资者的关注且资本是逐利，也必然为调研公司带来外部融资额的增加。根据《证券公司分类监管规定》，监管机构将证券公司分为A、B、C、D、E共5大类。其中，证券行业内风险管理能力最高，新业务和新产品方面的风险控制较好的是A类公司。截至2018年底，无一家证券公司获得AAA评级。此外由于2018年新财富关于明星分析师的评选工作终止且样本中调研分析师的名字存在大量缺失，因此，本书将证监会每年评为AA级的券商界定为知名券商，来自知名券商的分析师定义为明星分析师，否则为非明星分析师。从回归结果表6-10可以看出，第（1）列明星分析师实地调研样本中，$VisitN$的回归系数在10%的水平上显著为正，第（2）列非明星分析师实地调研样本中，$VisitN$的回归系数为正但不显著，表明明星分析师实地调研能显著增加企业外部融资额，而非明星分析师实地调研对企业新增外部融资额的影响不显著。与本书的分析一致。

表6-10 分析师异质性的回归结果

变量	明星分析师	非明星分析师	承销商分析师	非承销商分析师	股权关联分析师	非股权关联分析师
	(1)	(2)	(3)	(4)	(5)	(6)
	ΔWR	ΔWR	ΔWR	ΔWR	ΔWR	ΔWR
VisitN	0.0879*	0.109	−0.445	0.971*	−0.391	0.851*
	(1.69)	(0.11)	(−0.67)	(1.84)	(−0.48)	(1.87)
Size	−3.771***	1.615	−4.444***	−3.546***	−4.823***	−3.802***
	(−13.69)	(0.97)	(−7.43)	(−6.78)	(−6.44)	(−7.97)
LEV	15.71***	9.354	27.44***	19.71***	30.96***	20.73***
	(8.22)	(0.88)	(5.54)	(6.20)	(5.16)	(5.97)
PPe	−6.029***	−4.151	−23.61***	−14.07***	−7.372	−15.07***
	(−3.34)	(−0.44)	(−5.82)	(−4.53)	(−1.37)	(−6.88)
GI	0.0211	0.161*	0.114***	0.133***	0.0453	0.147***
	(1.17)	(1.70)	(2.77)	(4.22)	(0.82)	(5.25)
Inditor	10.46**	−7.877	10.20	12.72*	22.35*	8.770
	(2.44)	(−0.35)	(1.08)	(1.65)	(1.79)	(0.30)
EBIL	5.792***	0.126	13.68***	0.210	20.47***	0.183
	(4.88)	(0.50)	(3.21)	(1.27)	(4.24)	(1.12)
CASH	−15.73***	−10.61	−19.71***	−21.32***	−11.45*	−23.89***
	(−7.16)	(−0.83)	(−3.85)	(−5.55)	(−1.83)	(−5.83)
QS	0.162	−1.414	0.411	0.296	−0.711	0.449
	(0.69)	(−1.26)	(0.76)	(0.76)	(−0.95)	(1.27)
Chowtest						
F 统计量	3.49		3.41		3.88	
P-value	0.0619		0.0649		0.0490	
_cons	79.84***	−25.15	104.1***	78.73***	107.2***	85.26***
	(12.42)	(−0.67)	(7.20)	(6.42)	(6.10)	(7.70)
Year	控制	控制	控制	控制	控制	控制
Ind	控制	控制	控制	控制	控制	控制
N	4780	800	2040	3540	1252	4328
adj. R-sq	0.119	0.042	0.079	0.056	0.108	0.066

注：***、**、*分别表示在1%、5%、10%的水平下显著。

　　分析师与上市公司和机构投资者之间存在利益关系。这种利益关系会对分析师实地调研效果产生影响。承销关系是分析师与上市公司之间常见的一种利益关系。承销商分析师会倾向于推荐自己所属券商承销的股票，然而与非承销商分析师相比，承销商分析师推荐买入的股票表现较差。而且承销商分析师往往会高估股价，影响资本市场中股票的准确定价，也降低了承销商分析师调研报告的利用价值。那么，追求利润最大化的资金供给者在进行价值投资时会谨慎考虑这种利益关系对分析师调研报告质量的影响。所以，与承销商分析师相比，非承销商分析师实地调研对企业新增外部融资额产生的影响更显著。借鉴原红旗和黄倩茹（2007）的做法，如果分析师所属的证券公司是上市公司的承销商，那么该分析师界定为承销商分析师，否则为非承销商分析师。承销商包含三大类，即在一家公司首发、增发、配股时的主承销商、副主承销商以及分销商。从表 6-10 回归结果可以看出，第（3）列承销商分析师实地调研样本中，*VisitN* 的回归系数为负且不显著，第（4）列非承销商分析师实地调研样本中，*VisitN* 的回归系数为正且在 10% 的水平上显著，表明非承销商分析师实地调研能显著增加企业外部融资额，而承销商分析师实地调研对企业新增外部融资额的影响不显著。

　　基金是证券市场上重要的机构投资者。基金股权关联关系是分析师与机构投资者—基金之间常见的一种利益关系，这是一种具有长期稳定性的关联关系。由于券商是基金公司的股东，券商的业绩直接受到基金业绩的影响。因此，券商有强烈的动机利用旗下的分析师调研活动为基金业绩的提升而努力，以实现基金和券商共同的收益最大化目标。为了维护基金的投资收益，基金股权关联分析师降低研究报告中包含的基金重仓股的负面信息，削弱股价反映企业价值的能力，对基金重仓股的股票评级更加乐观。基金股权关联分析师也有强大的动力发布高质量的研究报告，有助于股东基金更好地抓住股票交易的时机，提高股票市场的信息效率（伊志宏等，2018）。然而，资本市场中的资金供给者对基金股权关联分析师的负面影响会更加敏感。因此，基金股权关联分析师实地调研对资金供需双方信息不对称的缓解作用有所减弱。因此，与基金股权关联分析师相比，非基金股权关联分析师实地调研对企业新增外部融资额的影响更显著。借鉴伊志宏等（2018）的做法，如果分析师 j 所属券商 b 是基金公司 c 的股东，c 旗下的基金 m 在 t-1 年重仓持股公司 i，若分析师 j 在 t 年对公司 i 进行实地调研，则该分析师为基金股权关联分析师，否则为非基金股权关联分析师。从表 6-10 回归结果可以看出，第

（5）列基金股权关联分析师实地调研样本中，*VisitN* 的回归系数为负且不显著，第（6）列非基金股权关联分析师实地调研样本中，*VisitN* 的回归系数为正且在 10%的水平上显著，表明非基金股权关联分析师实地调研能显著增加企业外部融资额，而基金股权关联分析师实地调研对企业新增外部融资额的影响不显著。

6.7　战略主题调研的拓展性分析

如前文所述，战略主题的调研对企业融资规模没有产生显著影响，原因之一可能是涉及战略主题的调研信息并不明确造成的，因此，本书进一步从分析师对战略信息的挖掘程度和调研信息语气的积极性视角针对涉及战略主题的调研样本展开深入探究。从战略信息挖掘程度视角来说，分析师实地调研次数越多，其获取与公司相关的增量信息便越多，而这一信息的公开发布使得资本市场中资金供给者和资金需求者之间的信息不对称程度下降，从而让公司盈余信息能够更好地反映在股票价格中，提高了资本市场的定价效率。同时，企业信息的公开透明也有助于实现资本市场资源的高效配置。由于分析师实地调研对象通常是发展前景较好的公司，所以，分析师实地调研对企业战略信息的挖掘程度越深时，外部投资者对企业未来发展规划掌握的信息越详细，其面临的风险不确定性水平越低，投资热情越高涨，进而为调研公司带来充足的外部资金来源。从调研信息语气的积极性视角来看，文本的语气语调越积极，越能向市场传递积极信号，市场反应也越积极。分析师通过私有渠道获取的关于公司未来发展的前瞻性信息越积极，市场给予的正面反应越强烈（伊志宏等，2019）。而分析师实地调研提及的战略问题中关于企业未来发展的信息是最多的且面对面的问答环节可以有效抑制管理层对负面消息的隐藏。因此，涉及战略主题的调研信息语气越积极，向外部投资者传递出调研公司具有较高增长潜力的信号，吸引投资者关注，增加企业外部融资供给。

基于以上分析，在涉及战略主题的样本中，针对调研文本信息语气与调研信息深度是否增加企业外部融资展开进一步检验，具体变量为：①调研文本信息语气（*VisitT*）。采用文本情感性分析的方法，匹配文本中含有的词汇与情感词库中的情绪词来判断文本的情感倾向。借鉴王华杰和三克敏

（2018）的做法，本书语气词库采用台湾大学制作的《中文情感极性词典》并人工阅读文本内容手工选出正面和负面的情感语调词语，计算文本信息语气（*VisitT*），即（积极词数量－消极词数量）/（积极词数量＋消极词数量）。*VisitT* 值越大，代表分析师实地调研传递的信息语气越积极。②战略信息挖掘程度（*IS*）。采用分析师对战略问题提及的次数衡量分析师对战略信息的挖掘程度。公司战略信息被提及的次数越多，表明分析师对战略信息的挖掘程度越深。

　　从表 6-11 回归结果中可以看出，第（1）、第（2）列中 IS 的回归系数分别在 5%、10% 的水平上显著为正，说明随着调研中对战略主题信息的不断挖掘，外部投资者对公司未来发展前景的信息掌握更加及时和全面，降低了上市公司和外部投资者之间的信息不对称程度，尤其是降低了股权投资者的信息风险，促使企业外部融资额增加，其中股权融资增加比较显著；第（4）、第（5）列中 *VisitT* 的回归系数均在 5% 的水平上显著为正，说明涉及战略主题的调研信息语气越积极，越能吸引更多的投资者关注，提高企业成功获取外部融资的概率。对于股权投资者也有能力迅速捕捉到积极的调研信息进行投资决策，使企业股权融资显著增加。该结论进一步丰富了假设 H1 和 H2。

表 6-11　战略主题的样本回归结果

变量	(1) ΔWR	(2) ΔEC	(3) ΔDC	(4) ΔWR	(5) ΔEC	(6) ΔDC
IS	0.0760** (2.22)	0.0500* (1.94)	0.0136 (0.73)			
VisitT				3.749** (2.04)	2.979** (2.11)	1.345 (1.34)
Size	−3.944*** (−10.08)	−3.334*** (−11.01)	0.0994 (0.45)	−3.843*** (−9.92)	−3.676*** (−12.36)	0.121 (0.56)
LEV	26.72*** (9.67)	17.92*** (8.62)	5.114*** (3.41)	26.44*** (9.57)	18.05*** (8.51)	5.030*** (3.35)
PPe	−16.10*** (−6.47)	−4.767** (−2.51)	−11.53*** (−8.41)	−16.03*** (−6.44)	−3.359* (−1.76)	−11.51*** (−8.40)
GI	0.116*** (4.64)	0.0495*** (2.62)	0.0653*** (4.78)	0.117*** (4.67)	0.0408** (2.12)	0.0656*** (4.80)

续表

变量	(1) ΔWR	(2) ΔEC	(3) ΔDC	(4) ΔWR	(5) ΔEC	(6) ΔDC
Inditor	13.56** (2.26)	9.127** (2.02)	2.863 (0.88)	13.15** (2.19)	9.738** (2.11)	2.716 (0.83)
EBIL	13.39*** (7.84)	8.239*** (6.42)	6.707*** (7.24)	13.32*** (7.80)	7.843*** (5.98)	6.679*** (7.21)
CASH	−20.18*** (−6.62)	−9.197*** (−3.97)	−10.35*** (−6.18)	−19.61*** (−6.42)	−9.092*** (−3.88)	−10.22*** (−6.09)
QS	−0.377 (−1.05)	0.130 (0.48)	−0.198 (−1.02)	−0.388 (−1.08)	0.150 (0.54)	−0.197 (−1.01)
_cons	85.86*** (9.33)	64.95*** (9.28)	4.283 (0.85)	82.23*** (8.95)	73.14*** (10.37)	3.279 (0.65)
Year	控制	控制	控制	控制	控制	控制
Ind	控制	控制	控制	控制	控制	控制
N	5383	5383	5383	5383	5383	5383
adj. R-sq	0.064	0.093	0.051	0.063	0.054	0.052

注：*** 、** 、* 分别表示在1%、5%、10%的水平下显著。

第7章 研究结论、启示与展望

7.1 研究结论

7.1.1 分析师实地调研对企业融资约束影响的研究结论

本书采用深圳证券交易所 A 股上市公司 2013~2018 年度的财务数据，实证检验了分析师实地调研与企业融资约束之间的关系。研究发现：首先，随着分析师实地调研次数的增加，企业融资约束程度降低。对调研内容的分析发现涉及融资主题的调研缓解了企业融资约束，而涉及战略主题的调研对企业融资约束的影响不显著，以上市公司所在地是否开通高铁作为实地调研的工具变量进行两阶段最小二乘法回归的结果显示，前述结论依然成立，同时，采用 Heckman 两阶段方法控制样本自选择问题后，结论仍然成立。其次，关于分析师实地调研影响企业融资约束内在机理的研究发现，分析师实地调研通过发挥信息效应、监督效应和信号传递效应对企业融资约束产生影响。再次，考察产权性质对分析师实地调研与企业融资约束关系的影响发现，分析师实地调研对非国有企业融资约束的缓解作用更显著；对不同特征/类型分析师实地调研与企业融资约束关系差异的考察发现，明星分析师和非关联分析师实地调研对企业融资约束的缓解作用更大。最后，对涉及战略主题的调研样本分析发现，随着战略主题调研次数的增加、对战略主题信息调研的逐步深入，企业融资约束得到显著缓解；战略主题的调研信息语气越积极，对企业融资约束的缓解越具有促进作用。上述结论表明，分析师实地调研不仅改善了被调研公司的信息环境，而且会对调研对象的融资行为产生影响。

7.1.2　分析师实地调研对企业融资成本影响的研究结论

一方面，分析师实地调研与企业权益融资成本的关系研究发现：首先，分析师实地调研次数的增加可以显著降低企业权益融资成本。对调研内容的分析发现，涉及融资主题的调研和涉及战略主题的调研均可以降低企业权益融资成本。采用 2SLS 和 Heckman 两阶段方法控制内生性问题后，前述结论依然成立。其次，研究分析师实地调研对企业权益融资成本影响的内在机理发现，分析师实地调研通过发挥信息效应和信号传递效应对企业权益融资成本产生影响。最后，考察产权性质对分析师实地调研与企业权益融资成本关系的影响发现分析师实地调研对非国有企业权益融资成本的下降更显著；考察分析师个体特征对实地调研与企业权益融资成本关系的影响发现明星分析师和非关联分析师实地调研对企业权益融资成本的影响较大。

另一方面，分析师实地调研与企业债务融资成本的关系研究发现：首先，分析师实地调研次数的增加可以显著降低企业债务融资成本。对调研内容的分析发现，涉及战略主题的调研可以降低企业债务融资成本，而涉及融资主题的调研信息积极性能显著降低企业债务融资成本。采用 2SLS 和 Heckman 两阶段方法控制内生性问题后，前述结论依然成立。其次，分析师实地调研影响企业债务融资成本内在机理的研究发现，分析师实地调研通过发挥信息效应和监督效应对企业债务融资成本产生影响。最后，考察产权性质对分析师实地调研与企业债务融资成本关系的影响发现分析师实地调研对非国有企业债务融资成本的下降更显著；考察分析师个体特征对实地调研与企业债务融资成本关系的影响发现，明星分析师和非关联分析师实地调研对企业债务融资成本的影响较大。上述结论表明，分析师实地调研与企业融资成本的负相关关系不仅受调研对象特征的影响，而且受分析师个人特征的影响。

7.1.3　分析师实地调研对企业融资规模影响的研究结论

在分析师实地调研与企业融资规模的关系研究中，为了避免内生性问题的影响，所有解释变量和控制变量均采用滞后一期。研究发现：首先，随着分析师实地调研次数的增加，企业外部融资额显著增加，其中股权融资正向显著，债务融资总体不显著。对调研内容的分析发现，涉及融资主题的调研增加了企业外部融资，而涉及战略主题的调研对企业外部融资影响不显著。采用 2SLS 和 Heckman 两阶段方法控制内生性问题后，前述结论依然成立。

其次，分析师实地调研影响企业融资规模内在机理的研究发现，分析师实地调研通过发挥信息效应、监督效应和信号传递效应对企业融资规模产生影响。再次，考察产权性质对分析师实地调研与企业融资规模关系的影响发现，分析师实地调研对非国有企业融资规模的缓解作用更显著；考察分析师个体特征对实地调研与企业融资规模关系的影响发现，由明星分析师和非关联分析师进行的实地调研对企业融资规模的影响较显著，体现为明星分析师和非关联分析师实地调研显著增加企业外部融资规模，而非明星分析师和关联分析师实地调研对企业融资规模影响不显著。最后，对涉及战略主题的调研样本分析发现，随着战略主题调研次数的增加，企业外部融资额得到显著提升；战略主题的调研信息语气越积极，对企业外部融资的改善越具有促进作用。上述结论表明，分析师实地调研与企业融资规模的关系不仅受调研对象特征的影响，而且受分析师个人特征的影响。

7.2　政策启示

7.2.1　政府层面的政策启示

本书研究结论具有以下政策启示：第一，无论是分析师实地调研的内容还是调研信息语气的积极性都具有丰富的信息含量，一定程度上可以缓解企业融资约束。一方面，分析师实地调研是企业向外部投资者传递信息的一个重要窗口，上市公司应该重视分析师实地调研活动，通过分析师调研尽量向外界传递详细、积极的信息，以降低自身信息不对称程度、树立良好形象；另一方面，监管部门与证券公司应规范分析师实地调研与信息披露行为，尤其是细化和规范实地调研信息披露内容。坚持客观真实的原则，秉承专业的职业态度，避免夸大调研信息内容、误导投资者做出有偏的投资决策。

第二，本书发现分析师实地调研不仅降低了企业权益融资成本，而且降低了企业债务融资成本。这表明分析师实地调研这一项投资者关系管理活动有助于解决企业融资贵的问题，但目前投资者关系管理信息披露制度只在深圳证券交易所强制施行。监管机构应将这项规定向上海证券交易所推广，最大限度地发挥分析师实地调研通过降低信息不对称程度来降低企业融资成本的作用，提高资本市场资源配置效率。同时，监管机构可以协助上市公司、拟上市公司和投资者关系管理专业服务公司等相关机构成立一个行业性自律组织——投资者关系协会。投资者关系协会的主要职能是制定行业规范，促进行业内的交流合作，出版有关刊物，推广投资者关系管理先进经验，最终提高企业投资者关系管理水平，促进证券市场健康发展。

第三，本书发现关联分析师实地调研对企业融资约束的缓解作用不显著。可能的原因是关联分析师的利益冲突行为影响其实地调研的经济后果。对于证券分析师个人来说，既要提升专业水平又要注重提升职业道德素养，通过提高证券分析师的自律能力来增强整个证券行业的诚信水平；对于证券公司来说，要建立一套合理的证券分析师薪酬契约制度，使分析师薪酬标准更多地取决于其发布的研究报告质量，保证证券分析师的收入与其所属券商的经纪部门等其他部门的收入相独立；对于监管部门来说，加强证券分析师行业的监管力度，完善信息隔离墙制度的建设，要求综合类券商各个部门之间必须架设"防火墙"，实行组织隔离与业务分立等措施维护投资者利益。同时还需建立证券分析师的长效评价机制及诚信档案约束分析师行为。

第四，本书发现明星分析师实地调研可以显著缓解企业融资约束。这表明分析师声誉机制会对投资者决策判断产生影响，因此，加强证券分析师声誉价值的监督和管理势在必行。较高声誉的分析师会在资本市场中通过声誉提升给自身和企业带来超额回报。然而，资本市场也会不断淘汰声誉和信用备受质疑的个体，所以，良好的声誉应该是长期动态重复博弈的结果。

7.2.2 企业层面的政策启示

第一，本书的经验证据表明，在代理成本较高的公司，分析师实地调研发挥着更显著的监督职能，说明分析师调研能够发挥一定的外部治理功能，上市公司应鼓励分析师积极参与实地调研，充分发挥分析师的外部监督作用，促进公司治理机制的有效运行。

第二，本书发现明星分析师实地调研能显著缓解企业融资约束，降低企业融资成本。表明分析师声誉机制能放大实地调研产生的作用。因此，上市公司应该加强与知名券商、明星分析师的合作，既可以获取高质量的服务又可以借助分析师的知名度来提升企业的知名度，为企业未来顺利融资做好铺垫。

第三，从分析师实地调研样本数据来看，每次调研中上市公司参与人主要是董事会秘书或证券事务代表。而公司董事长、总经理、财务总监等高层管理者的高度重视和大力支持是投资者关系管理工作的重要保证。如果这些高层能亲自出席公司接待投资者调研的活动，会提升投资者对调研公司未来发展的信心。因为管理层对投资者的态度往往也是投资者进行投资决策的一个重要依据。

7.3　主要局限性与未来研究方向

本书以规范研究和实证研究相结合的方法检验了分析师实地调研与企业融资约束、企业融资成本、企业融资规模之间的关系，得出了许多有价值的研究结论。然而，因个人能力有限，本书研究还存在一些不足之处，而这些不足也成为未来的研究方向。

7.3.1　主要局限性

本书的不足之处主要体现为以下几方面：

（1）变量测度方面。

本书关于分析师实地调研的衡量主要通过分析师实地调研次数、涉及融资和战略主题的调研内容进行描述。虽然在一定程度上反映了分析师实地调研的强度，但对于分析师调研涉及的其他内容、上市公司接待人员等信息并未做进一步考虑，这便使得本书的研究存在一定的局限性。此外，明星分析师的度量采用来自知名券商的分析师代替存在一定的缺陷，因为并不是所有来自知名券商的分析师都具备较高的专业水平和职业素养，提供高质量的研究报告。

（2）样本选取的局限性。

由于上海证券交易所对公司投资者关系管理活动的信息披露没有强制要求，采用手工收集数据的难度较大，所以，研究样本中只关注深圳证券交易所上市公司，上海证券交易所的上市公司没有涉及。但上海证券交易所上市的公司一般规模较大，而分析师实地调研也倾向于选择规模较大的公司，所以，研究样本不全面会对本书研究结论的可靠性产生一定的影响。

（3）研究内容需要更全面。

在分析师实地调研对公司财务决策的影响研究中，我们只验证了企业融资约束、融资成本和融资规模三个方面，因此对公司财务其他方面的影响有待进一步挖掘。另外，分析师与上市公司、机构投资者之间的关系除了承销关系、股权关联关系以外还存在私人关系、客户关系等其他关系，那么，不同的关联关系对企业融资约束的影响是否存在差异值得进一步研究。

7.3.2 未来研究方向

将本书研究的不足之处与当前理论界和实务中对证券分析师行业的关注相结合，思考未来可能的研究方向如下：

（1）分析师调研效果的测度。

研究样本中同一年度或不同年度，分析师对同一家公司进行多次调研，如果每次调研中，分析师都能获取增量信息，那么每次调研文本相似度较低。因此，未来考虑对调研文本相似度进行分析。如果每次调研文本相似度较高，表明现有的分析师实地调研活动流于形式，而且采用实地调研次数度量分析师实地调研的强度以及分析师外部监督作用可能存在偏差。因此，研究分析师调研文本相似度对企业融资约束的影响也是未来需要关注的问题。此外，本书只检验涉及融资主题和战略主题的调研对企业融资约束的影响，在未来的研究中，需要考虑分析师实地调研涉及的投资、行业竞争力以及公司治理等信息对企业融资约束的影响，并比较各类调研内容对企业融资约束产生的差异。

（2）扩大样本量。

凭借数据的积累，研究我国 A 股所有上市公司的分析师实地调研对企业融资约束的影响，观察本书的研究结论是否会发生变化。同时，通过采用双重差分的方法对 2013 年深圳证券交易所《信息披露业务备忘录第 41 号——投资者关系管理及其信息披露》政策效果进行分析，既能检验投资者关系管理信息披露政策强制实施的效果，又能进一步了解分析师实地调研对企业融资约束缓解的作用路径，也为分析师实地调研经济后果的检验提供多视角、多方法的经验证据。

（3）本书主要从融资约束角度，对分析师实地调研的经济后果进行了探讨。

分析师实地调研的经济后果并不仅仅局限于对企业融资行为的影响，其对公司投资行为也会产生显著的影响，因此在未来的研究中，需要结合调研公司特征以及分析师与上市公司、机构投资者之间的私人关系、客户关系等其他关联关系，研究分析师实地调研对企业投资规模、投资风险、投资效率的影响。

参考文献

［1］Aboody D, Lehavy R, Tureman B. Limited Attention and the Earnings Announcement Returns of Past Stock Market Winners ［J］. Review of Accounting Studies, 2010, 15 （2）: 317-344.

［2］Ahmed A S, Duellman S. Accounting Conservatism and Board of Director Characteristics: An Empirical Analysis ［J］. Journal of Accounting and Economics, 2007, 43 （2/3）: 411-437.

［3］Almeida H, Campello M, Weisbach M S. The Cash Flow Sensitivity of Cash ［J］. Journal of Finance, 2004, 59 （4）: 1777-1804.

［4］Anderson R C, Mansi S A, Reeb D M. Board Characteristics Accounting Report Integrity and the Cost of Debt ［J］. Journal of Accounting and Economics, 2004, 37 （3）: 315-342.

［5］Artiach T C, Clarkson P M. Conservatism, Disclosure and the Cost of Equity Capital ［J］. Australian Journal of Management, 2014, 39 （2）: 293-314.

［6］Ashbaugh, Skaife H, Collins D W, et al. The Effect of Sox Internal Control Deficiencies on Firm Risk and Cost of Equity ［J］. Journal of Accounting Research, 2009, 47 （1）: 1-43.

［7］Barber B M, Odean B T. All That Glitters: The Effect of Attention and News on the Buying Behavior of Individual and Institutional Investors ［J］. Reviews of Financial Studies, 2008, 21 （2）: 785-818.

［8］Barron O E, Stuerke P S. Dispersion in Analysts' Earnings Forecasts as a Measure of Uncertainty ［J］. Journal of Accounting, Auditing and Finance, 1998, 13 （3）: 245-270.

［9］Barry C B, Brown S J. Differential Information and Security Market Equilibrium ［J］. Journal of Financial and Quantitative Analysis, 1985 （20）: 407-

422.

[10] Barth M E, Hutton Amy P. Analyst Earnings Forecast Revisions and the Pricing of Accruals [J]. Review of Accounting Studies, 2004, 9 (1): 59-96.

[11] Beatty A, Ramesh K, Weber J. The Importance of Accounting Changes in Debt Contracts: The Cost of Flexibility in Covenant Calculations [J]. Journal of Accounting and Economics, 2002, 33 (2): 205-227.

[12] Berger A N, Udell G F. The Economics of Small Business Finance: The Roles of Private Equity and Debt Markets in the Financial Growth Cycle [J]. Journal of Banking and Finance, 1998 (22): 613-673.

[13] Bernanke B, Gertler M. Financial Fragility and Economic Performance [J]. The Quarterly Journal of Economics, 1990, 105 (1): 87-114.

[14] Bhojraj S, Sengupta P. Effect of Corporate Governance on Bond Ratings and Yields: The Role of Institutional Investors and the Outside Directors [J]. Journal of Business, 2003, 76 (3): 455-475.

[15] Boubakri N, Ghouma H. Control/Ownership Structure, Creditor Rights Protection, and the Cost of Debt Financing: International Evidence [J]. Journal of Banking and Finance, 2010 (34): 2481-2499.

[16] Bowen R M, Dutta S, Tang S L, et al. Inside the "Black Box" of Private In-house Meetings [J]. Review of Accounting Studies, 2018, 23 (2): 487-527.

[17] Bradley M, Chen D. Corporate Governance and the Cost of Debt: Evidence from Director Limited Liability and Indemnification Provisions [J]. Journal of Corporate Finance, 2011, 17 (1): 83-107.

[18] Brav A, John R G, Campbell R H, et al. Payout Policy in the 21st Century [J]. Journal of Financial Economics, 2004, 77 (3): 483-527.

[19] Brennan M J, Tamarowski C. Investor Relations Liquidity, and Stock Prices [J]. Journal of Applied Corporate Finance, 2000, 12 (4): 26-37.

[20] Brown L D, Call A C, Clement M B, et al. Inside the "Blackbox" of Sell-side Financial Analysts [J]. Journal of Accounting Research, 2015, 53 (1): 1-46.

[21] Bushee B J, Miller G S. Investor Relations, Firm Visibility, and Investor Following [J]. The Accounting Review, 2012, 87 (3): 867-897.

［22］ Bushee J B, Jung J M, Miller S G. Do Investors Benefit from Selective Access to Management? ［J］. Journal of Financial Reporting, 2017, 2（1）: 31-61.

［23］ Bushman R M, Piotroski J D, Smith A J. What Determines Corporate Transparency? ［J］. Journal of Accounting Research, 2004, 42（2）: 207-252.

［24］ Carey M, Post M, Sharpe S A. Does Corporate Lending by Banks and Finance Companies Differ? Evidence on Specialization in Private Debt Contracting ［J］. Journal of Finance, 1998（53）: 845-877.

［25］ Carlson S J, Bathala C T. Impact of the Repeal of the Investment Tax Credit on Firms Investment Decisions ［J］. Journal of Applied Business Research, 1994, 10（2）: 33-39.

［26］ Chen J, Ding R, Hou W, et al. : "Do Financial Analysts Perform a Monitoring Role in China? Evidence from Modified Audit Opinions", Abacus, 2016, 52（3）: 473-500.

［27］ Chen K C W, Chen Z, Wei K C J. Legal Protection of Investors, Corporate Governance, and the Cost of Equity Capital ［J］. Journal of Corporate Finance, 2009, 15（3）: 273-289.

［28］ Chen S, Matsumoto D A. Favorable Vensus Unfavorable Recommendations: The Impact on Analyst Access to Management Provided-Information ［J］. Journal of Accounting Research, 2006, 44（4）: 657-689.

［29］ Chen T, Harford J, Lin C. Do Analysts Matter for Governance? Evidence from Natural Experiments ［J］. Journal of Financial Economics, 2015, 115（2）: 383-410.

［30］ Cheng Q, Du F, Wang B Y, et al. Do Corporate Site Visits Impact Stock Prices? ［J］. Contemporary Accounting Research, 2019, 36（1）: 359-388.

［31］ Cheng Q, Du F, Wang X, et al. Seeing is Believing: Analysts Corporate Site Visits ［J］. Review of Accounting Studies, 2016, 21（4）: 1245-1286.

［32］ Chung K H, Jo H. The Impact of Security Analysts' Monitoring and Marketing Functions on the Market Value of Firms ［J］. Journal of Financial & Quantitative Analysis, 1996, 31（4）: 493-512.

［33］ Clement M, Tse S. Finance Analyst Characteristics and Herding Behavior in Forecasting [J]. Journal of Finance, 2005 (60): 307-341.

[34] Costello A M, Wittenberg Moerman R. The Impact of Financial Reporting Quality on Debt Contracting: Evidence from Internal Control Weakness Reports [J]. Journal of Accounting Research, 2011, 49 (1): 97-136.

[35] Dammon R M, Senbet L W. The Effect of Taxes and Depreciation on Corporate Investment and Financial Leverage [J]. Journal of Finance, 1988, 43 (2): 357-373.

[36] Dechow P M, Sloan R G. Returns to Contrarian Investment Strategies: Test of Naive Expectation Hypothesis [J]. Journal of Finance and Economics, 1997 (43): 3-27.

[37] Dellavigna S, Pollet J M. Investor Attention and Friday Earnings Announcements [J]. Journal of Finance, 2009, 64 (2): 709-749.

[38] Deller D, Stubenrath M, Weber C. A Survey on the Use of the Internet for Investor Relations in the USA, the UK and Germany [J]. European Accounting Review, 1999, 8 (2): 351-364.

[39] Derrien F, Kecskes A, Mansi S. Information asymmetry, the cost of debt and credit events [J]. Janpanese Journal of Pharmacoepidemiology, 2012 (5): 626-640

[40] Diamond D, Verrecchia R. Disclosure, Liquidity, and the Cost of Equity Capital [J]. Journal of Finance, 1991, 46 (4): 1325-1359.

[41] Djankov S, McLiesh C, Shleifer A. Private Credit in 129 Countries [J]. Journal of Financial Economic, 2007 (84): 299-329.

[42] Dong D. Y., Yue S. S., Cao J. W.. "Site Visit Information Content and Return Predictability: Evidence from China" [J]. North American Journal of Economics and Finance, 2020, 51 (6): 1-13.

[43] Driffield N, Mahambare V, Pal S. How Does Ownership Structure Affect Capital Structure and Firm Value? Recent Evidence from East Asia [J]. Economics of Transition, 2007, 15 (3): 535-573.

[44] Du J, Dai Y. Ultimate Corporate Ownership Structures and Capital Structures: Evidence from East Asian Economies [J]. Corporate Governance: An International Rerview, 2005, 13 (1): 60-71.

[45] Easley D, O'Hara M. Information and the Cost of Capital [J]. The

Journal of Finance, 2004, 59 (4): 1553-1583.

［46］Easton P. PE Ratios, PEG Ratios, and Estimating the Implied Expected Rate of Return on Equit y Capital ［J］. Accounting Reviews, 2004 (79): 73-96.

［47］Elton E, Gruber M, Gultekin M. Professional Expectations , Accuracy and Diagnosis of Errors ［J］. Journal of Financial and Quantitative Analysis, 1984 (19): 351-363.

［48］Elyasiani E, Jia J, Mao C X. Institutional Ownership Stability and the Cost of Debt ［J］. Journal of Financial Markets, 2010 (13): 475-500.

［49］Erhemjamts O, Raman K. The Role of Investment Bank Reputation and Relationships in Equity Private Placements ［J］. Journal of Financial Research, 2012, 35 (2): 183-210.

［50］Faccio M, Lang P, Young L. Dividends and Expropriation ［J］. American Economic Review, 2001, 91 (1): 262-290.

［51］Fama E F. Efficient Capital Markets: A Review of Theory and Empirical Work ［J］. The Journal of Finance, 1970, 25 (2): 383-417.

［52］Fang L, Yasuda A. The Effectiveness of Reputation as A Disciplinary Mechanism in Sell-side Research ［J］. Review of Financial Studies, 2009, 22 (9): 3735-3777.

［53］Fazzari S M, Hubbard R G, Peterson B C. Financing Constraints and Corporate Investment ［J］. Brooking Papers on Economic Activity, 1988, 1 (1): 141-195.

［54］Fazzari S M, Petersen B C. Working Capital and Fixed Investment: New Evidence on Financing Constraints ［J］. Journal of Economics, 1993, 24 (3): 328-342.

［55］Firth M, Lin C, Liu P, et al. The Client Is King: Do Mutual Fund Relationships Bias Analyst Recommendations? ［J］. Journal of Accounting Research, 2013, 51 (1): 165-200.

［56］Frankel R, Johnson M, Skinner D J. An Empirical Examination of Conference Calls as A Voluntary Disclosure Medium ［J］. Journal of Accounting Research, 1999, 37 (1): 133-150.

［57］George A Akerlof. The Market for 'Lemons': Quality Uncertainty and the Market Mechanism ［J］. Quarterly Journal of Economics, 1970, 84 (3):

488-500.

[58] Glosten L, Milgrom P. Bid Ask, and Transaction Prices in a Specialist Market with Heterogeneously Informed Traders [J]. Journal of Financial Economics, 1985 (26): 71-100.

[59] Gode D, Mohanram P. Inferring the Cost of Capital Using the Ohlson-Juettner model [J]. Review of Accounting Studies, 2003 (8): 399-431.

[60] Gorodnichenko Y, Schnitzer M. Financial Constraints and Innovation: Why Poor Countries don't Catch Up [J]. Journal of the European Economic Association, 2013, 11 (5): 1115-1152.

[61] Gox R F, Wagenhofer A. Optimal Impairment Rules [J]. Journal of Accounting and Economics, 2009, 48 (1): 2-16.

[62] Graham J, Leary M, Roberts M. The Leveraging of Corporate America: A Long-run Perspective on Changes in Capital Structure [J]. Journal of Applied Corporate Finance, 2016 (28): 29-37.

[63] Green T C, Jame R, Markov S, et al. Access to Management and the Informativeness of Analyst Research [J]. Journal of Financial Economics, 2012, 114 (2): 239-255.

[64] Gu X, Kowalewski O. Law and Structure of the Capital Markets [J]. Wharton Financial Institutions Center Working Paper, 2014.

[65] Gu Z Y, Li Z, Yang Y G. Monitors or Predators: the Influence of Institutional Investors on Sell-side Analysts [J]. The Accounting Review, 2013, 88 (1): 137-169.

[66] Hadlock C J, Pierce J R. New Evidence on Measuring Financial Constraints: Moving beyond the kzindex [J]. Review of Financial Studies, 2010, 23 (5): 1909-1940.

[67] Hambrick D C, D'Aveni R A. Top Team Deterioration As Part of the Downward Spiral of Large Corporate Bankruptcies [J]. Management Science, 1992, 38 (10): 1445-1466.

[68] Han B, Kong D M, Liu S. Do Analysts Gain an Informational Advantage by Visiting Listed Companies [J]. Contemporary Accounting Research, 2018, 35 (4): 1843-1867.

[69] Hansen R S, Torregrosa P. Underwriter Compensation and Corporate

Monitoring [J]. The Journal of Finance, 1992, 47 (4): 1537-1555.

[70] Healy P M, Palepu K G. Information Asymmetry, Corporate Disclosure, and the Capital Markets: A Review of the Empirical Disclosure Literature [J]. Journal of Accounting and Economics, 2001, 31 (1): 405-440.

[71] Heckman J J. Sample Selection Bias as a Specification Error [J]. Econometrica, 1979, 47 (1): 153-161.

[72] Higgins R B, Brendan D B. How Corporate Communication of Strategy Affects Share Price [J]. Long Range Planning, 1992 (25): 27-35.

[73] Hong H, Lim T, Stein J C. Bad News Travels Slowly: Size, Analyst Coverage, and the Profitility of Momentum Strategies [J]. Journal of Finance, 2000 (1): 265-294.

[74] Hou K, Vandijk M A. The Implied Cost of Capital: A New Approach [J]. Journal of Accounting and Economics, 2012, 53 (3): 504-526.

[75] Houston J F, Jiang L L, Lin C, et al. Political Connections and the Cost of Bank Loans [J]. Journal of Accounting Research, 2014, 52 (1): 198-243.

[76] Huang H, Wang Q, Zhang X. The Effect of Ceo Ownership and Shareholder Rights on Cost of Equity Capital [J]. Corporate Governance, 2009, 9 (3): 255-270.

[77] Inner C D, Larcker D, Rajan M V. The Choice of Performance Measures in Annual Bonus Contracts [J]. The Accounting Review, 1997, 72 (2): 231-255.

[78] Irvine P, Simko P J, Nathan S. Asset management and affiliated analysts' forecasts [J]. Financial Analysts Journal, 2004, 60 (3): 67-78.

[79] Jackson H. America's Most Shareholder Friendly Companies [J]. Institutional Investor, 2009, 43 (2): 57-61.

[80] James C, Karceski J. Strength of Analyst Coverage Following IPOs [J]. Journal of Financial Economics, 2006 (82): 1-34.

[81] Jensen M, Meckling W. Theory of the Firm: Managerial Behavior, Agency Costs and Capital Structure [J]. Journal of Finance, 1976 (48): 305-360.

[82] Jiang X Y, Xu N H, Yuan Q B, et al. Mutual-Fund-Affiliated Ana-

lysts and Stock Price Synchronicity: Evidence from China [J]. Journal of Accounting, Auditing & Finance, 2018, 33 (3): 435-460.

[83] Jo H, Kim Y, Park M S. Underwriter Choice and Earnings Management: Evidence from Seasoned Equity Offerings [J]. Review of Accounting Studies, 2007, 12 (1): 23-59.

[84] Jordan B D, Liu M H, Wu W. Do Investment Banks Listen to Their Own Analysts? [J]. Journal of Banking and Finance, 2012, 36 (5): 1452-1463.

[85] Kahneman D. Attention and Effort [M]. Englewood Cliffs, NJ: Prentice Hall, 1973: 56-78.

[86] Kaplan S N, Zingales L. Do Investment-cash Flow Sensitivities Provide Useful Measures of Financing Constraints [J]. The Quarterly Journal of Economics, 1997, 112 (1): 169-215.

[87] Khan M, Watts R L. Estimation and Empirical Properties of a Firm-year Measure of Accounting Conservatism [J]. Journal of Accounting and Economics, 2009, 48 (2): 132-150.

[88] Kim J B, Simunic D A, Stein M T. Voluntary Audits and the Cost of Debt Capital for Privately Held Firms: Korean Evidence [J]. Contemporary Accounting Research, 2011, 28 (2): 585-615.

[89] Krishnaswami S, Subramaniam V. Information Asymmetry, Valuation, the Corporate Spin-off Decision [J]. Journal of Financial Economics, 1999 (53): 73-112.

[90] La Porta R F, Lopez D S, Shleifer A, et al. Investor Protection and Corporate Valuation [J]. The Journal of Finance, 2002, 57 (3): 1147-1170.

[91] La Porta R, Lopez-De-Silanes F, Shleifer A. Corporate Ownership around the World [J]. Journal of Finance, 1999, 54 (2): 471-517.

[92] Lambert, Leuz C, Verrecchia R. Accounting Information Disclosure and the Cost of Capital [J]. Journal of Accounting Research, 2007 (45): 385-420.

[93] Lang H P, Karl V L, Miller D P. ADRs, Analysts and Accuracy: Does Cross-listing in the U. S. Improve Firm's Information Environment and Increase Market Value? [J]. Journal of Accounting Research, 2003, 41 (2):

317-345.

［94］ Lang M H, Lundholm R J. Corporate Disclosure Policy and Analyst Behavior ［J］. The Accounting Review, 1996, 71 (4): 467-492.

［95］ Lee G, Masulis R W. Do More Reputable Financial Institutions Reduce Earnings Management by IPO Issuers ［J］. Journal of Corporate Finance, 2011, 17 (4): 982-1000.

［96］ Lin C, Ma Y, Malatesta P, et al. Ownership Structure and the Cost of Corporate Borrowing ［J］. Journal of Financial Economics, 2011 (100): 1-23.

［97］ Lin H W, McNichols M F. Underwriting Relationships, Analysts' Earnings Forecasts and Investment Recommendations ［J］. Journal of Accounting and Economics, 1998, 25 (1): 101-127.

［98］ Liu, Y., Y. Liu, Z. Wei. Property Rights Protection, Financial Constraint, and Capital Structure Choices: Evidence From a Chinese Natural Experiment ［J］. Journal of Corporate Finance, 2022 (73): 102-167.

［99］ Ljungqvist A, Marston F, Starks L T, et al. Conflicts of Interest in Sell-side Research and the Moderating Role of Institutional Investors ［J］. Journal of Financial Economics, 2007, 85 (2): 420-456.

［100］ Loughran T, McDonald B. Textual Analysis in Accounting and Finance: A Survey ［J］. Journal of Accounting Research, 2016, 54 (4): 1187-1230.

［101］ Mayew W J, Sharp N Y, Venkatachalam M. Using Earnings Conference Calls to Identify Analysts with Superior Private Information ［J］. Review of Accounting Studies, 2013, 18 (2): 386-413.

［102］ Merton R. A Simple Model of Capital Market Equilibrium with Incomplete Information ［J］. Journal of Finance, 1987, 42 (2): 483-510.

［103］ Michaely R, Womack K L. Conflict of Interest and the Credibility of Underwriter Analyst Recommendations ［J］. Review of Financial Studies, 1999 (12): 653-686.

［104］ Modigliani F, Miller M H. The Cost of Capital, Corporate Finance and the Theory of Investment ［J］. American Economic Review, 1958 (7): 101-115.

［105］ Mola S, Guidolin M. Affiliated Mutual Funds and Analyst Optimism

[J]. Journal of Financial Economics, 2009, 93 (1): 108-137.

[106] Myers S C, Majluf N S. Corporate Financing and Investment Decisions when Firms have Information that Investors Do not Have [J]. Journal of Financial Economics, 1984 (13): 187-221.

[107] O'Connor B, Balasubramanyan R, Routledge B R, et al. From Tweets to Polls: Linking Text Sentiment to Public Opinion Time Series [J]. IC-WSM, 2010 (11): 122-129.

[108] Pittman J, Fortin S. Auditor Choice and the Cost of Debt Capital for Newly Public Firms [J]. Journal of Accounting and Economics, 2004, 37 (1): 113-136.

[109] Povel P, Raith M. Financial Constraints and Product Market Competition: Ex Ante vs Ex Post Incentives [J]. International Journal of Industrial Organization, 2004 (7): 917-949.

[110] Qi Y, Roth L, Wald J K. Political Rights and the Cost of Debt [J]. Journal of Financial Economics, 2010, 95 (2): 202-226.

[111] Qian J, Strahan P. How Laws and Institutions Shape Financial Contracts: the Case of Bank Loans [J]. Journal of Finance, 2007, 62 (6): 2803-2834.

[112] Richardson A J, Welker M. Social Disclosure, Financial Disclosure and the Cost of Equity Capital [J]. Accounting Organizations & Society, 2001, 26 (7): 597-616.

[113] Richardson S. Over-Investment of Free Cash Flow [J]. Review of Accounting Studies, 2006, 11 (2): 159-189.

[114] Ritter J, Welch I A. Review of IPO Activity Pricing and Allocations [J]. Journal of Finance, 2002, 57 (4): 1795-1828.

[115] Roberts J, Sanderson P, Barker R, et al. In the Mirror of the Market: the Disciplinary Effects of Company/Fund Manager Meetings [J]. Accounting, Organizations and Society, 2006, 31 (3): 277-294.

[116] Schenone C. The Effect of Banking Relationships on the Firm s IPO Underpricing [J]. Journal of Finance, 2004 (59): 2903-2958.

[117] Simon H A. Designing Organizations for An Informationrich World [M]. The Johns Hopkins Press, 1971: 37-72.

［118］Solomon D, Soltes E. What Are We Meeting for? The Consequences of Private Meetings with Investors ［J］. Journal of Law and Economics, 2015, 58 （2）: 325-355.

［119］Spence M. Job Market Signaling ［J］. Quarterly Journal of Economics, 1973, 87 （3）: 355-374.

［120］Stickel. Reputation and Performance among Security Analysts ［J］. The Journal of Finance, 1992, 47 （5）: 112-130.

［121］Suchard J, Pham P K, Zein J. Corporate Governance and the Cost of Capital: Evidence from Australian Firms ［J］. Journal of Applied Corporate Finance, 2012, 24 （3）: 84-93.

［122］Tihanyi L, Ellstrand A E, Daily C M, et al. Composition of The Top Management Team and Firm International Diversification ［J］. Journal of Management, 2000, 26 （6）: 1157-1177.

［123］Tversky A, Kahneman D. Judgment under Uncertainty: Heuristics and Biases ［J］. Science, 1974, 185 （4157）: 1124-1130.

［124］Verrecchia R E. Essays on Disclosure ［J］. Journal of Accounting and Economics, 2001, 32 （1）: 97-180.

［125］Wiwattanakantang Y. An Empirical Study on the Determinants of the Capital Structure of the Firms ［J］. Journal of Pacific-Basin Finance, 1999, 7 （3）: 371-403.

［126］Yang J, Lu J, Cheng X. Company Visits and Stock Price Crash Risk: Evidence from China ［J］. Emerging Markets Review, 2020, 44 （8）: 2-17.

［127］Yu F. Accounting Transparency and the Term Structure of Credit Spreads ［J］. Journal of Financial Economics, 2005, 75 （1）: 53-84.

［128］Yuan Z, Yue H. Corporate Site Visit, Information Disclosure Quality and Analysts' Earnings Forecast ［R］. Working Paper, 2013.

［129］白云霞, 邱穆青, 李伟. 投融资期限错配及其制度解释——来自中美两国金融市场的比较 ［J］. 中国工业经济, 2016 （7）: 23-39.

［130］曹廷求, 孙文祥. 股权结构与资本结构: 中国上市公司实证分析 ［J］. 中国软科学, 2004 （1）: 32-36+56.

［131］曹新伟, 洪剑峭, 贾琬娇. 分析师实地调研与资本市场信息效

率——基于股价同步性的研究 [J]. 经济管理, 2015 (8): 141-150.

[132] 岑维, 李士好, 童娜琼. 投资者关注度对股票收益与风险的影响——基于深市"互动易"平台数据的实证研究 [J]. 证券市场导报, 2014 (7): 40-47.

[133] 岑维, 童娜琼, 郭奇林. 机构投资者关注度和企业非效率投资——基于深交所"互动易"平台数据的实证研究 [J] 证券市场导报, 2017 (10): 36-44.

[134] 车嘉丽, 薛瑞. 产业政策激励影响了企业融资约束吗? [J]. 南方经济, 2017 (6): 92-114.

[135] 陈峻, 王雄元, 彭旋. 环境不确定性、客户集中度与权益资本成本 [J]. 会计研究, 2015 (11): 76-82.

[136] 陈骏. 审计师声誉与银行信贷资源配置——基于银行信用借款决策的经验证据 [J]. 审计研究, 2011 (5): 90-97.

[137] 陈汉文, 周中胜. 内部控制质量与企业债务融资成本 [J]. 南开管理评论, 2014 (3): 103-111.

[138] 程小可, 李昊洋, 高升好. 机构投资者调研与管理层盈余预测方式 [J]. 管理科学, 2017 (1): 131-145.

[139] 程小可, 李静婷, 李昊洋. 投资者调研与企业研发溢出效应的相关研究 [J]. 中央财经大学学报, 2018 (10): 42-55.

[140] 崔宸瑜, 何贵华, 谢德仁. 信息外部价值、研究资源配置与股票定价效率——基于证券分析师的视角 [J]. 会计研究, 2022, (9): 152-166

[141] 代昀昊. 机构投资者、所有权性质与权益资本成本 [J]. 金融研究, 2018 (9): 143-159.

[142] 邓建平, 曾勇. 金融生态环境、银行关联与债务融资——基于我国民营企业的实证研究 [J]. 会计研究, 2011 (12): 33-40.

[143] 邓可斌. 银行关联如何缓解融资约束: 直接机制还是间接机制 [J]. 当代财经, 2017 (5): 44-55.

[144] 董永琦, 宋光辉. 基金公司实地调研: 信息挖掘还是走马观花 [J]. 中南财经政法大学学报, 2018 (5): 114-122.

[145] 杜传文, 黄节根. 货币政策、融资约束与企业投资 [J]. 财经科学, 2018 (4): 15-28.

[146] 冯来强, 孔祥婷, 曹慧娟. 董事高管责任保险与权益资本成

本——来自信息质量渠道的实证研究证据［J］.会计研究，2017（11）：65-71+97.

［147］高芳，傅仁辉.会计准则改革、股票流动性与权益资本成本——来自中国 A 股上市公司的经验证据［J］.中国管理科学，2012（4）：27-36.

［148］宫义飞，郭兰.分析师跟踪、所有权性质与融资约束——基于不同产权主体的研究［J］.经济管理，2012（1）：129-137.

［149］顾弦.投资者保护如何影响企业融资结构与投资水平［J］.世界经济，2015（11）：168-192.

［150］顾乃康，年荣伟.流动性共性与企业的融资行为及资本结构［J］.管理科学学报，2018（8）：34-53.

［151］郭复初，王庆成.财务管理学［M］.北京：高等教育出版社，2009：31-45.

［152］何孝星，叶展.股权激励会影响企业融资约束吗？——基于我国上市公司的经验证据［J］.经济管理，2017（1）：84-99.

［153］洪怡恬.银企和政企关系、企业所有权性质与融资约束［J］.宏观经济研，2014（9）：115-125.

［154］胡娜，周铭山，郭寿良，等.股权投资背景下券商独立性研究——基于证券分析师研究报告的视角［J］.财经科学，2014（1）：28-37.

［155］胡晖，张璐.利率市场化对成长型企业融资约束的影响——基于对中小板企业的研究［J］.经济评论，2015（5）：141-153.

［156］胡刘芬，周泽将.风险投资机构持股能够缓解企业后续融资约束吗？——来自中国上市公司的经验证据［J］.经济管理，2018（7）：91-109.

［157］胡淑娟，黄晓莺.机构投资者关注对股票流动性的影响［J］.经济经纬，2014（6）：143-148.

［158］胡奕明，金洪飞.证券分析师关注自己的声誉吗？［J］.世界经济，2006（2）：71-81+96.

［159］胡奕明，林文雄.信息关注深度、分析能力与分析质量——对我国证券分析师的调查分析［J］.金融研究，2005（2）：46-58.

［160］黄波，王满，于浩洋.分析师预测质量影响了债务融资成本吗？——来自我国上市公司的经验证据［J］.金融评论，2018（2）：56-72+124.

[161] 黄小琳，朱松，陈关亭.持股金融机构对企业负债融资与债务结构的影响——基于上市公司的实证研究 [J].金融研究，2015 (12)：130-145.

[162] 惠祥，李秉祥，李明敏，等.技术创业型企业经理层股权分配模式探讨与融资结构优化 [J].南开管理评论，2016 (6)：177-188.

[163] 贾琬娇，洪剑峭，徐媛媛.我国证券分析师实地调研有价值吗？——基于盈余预测准确性的一项实证研究 [J].投资研究，2015 (4)：96-113.

[164] 江媛，王治.董事会报告可读性、制度环境与股权资本成本 [J].财经理论与实践，2018 (5)：88-94.

[165] 姜波，周铭山.参股基金公司持股与分析师乐观性 [J].财经研究，2015 (1)：118-131.

[166] 姜付秀，支晓强，张敏.投资者利益保护与股权融资成本——以中国上市公司为例的研究 [J].管理世界，2008 (2)：117-125.

[167] 蒋琰，陆正飞.公司治理与股权融资成本——单一与综合机制的治理效应研究 [J].数量经济技术经济研究，2009 (2)：60-75.

[168] 蒋尧明，蒋珩.审计师个人声誉受损与公司债务融资成本——来自中国上市公司的经验证据 [J].当代财经，2017 (7)：114-123.

[169] 荆新，王化成，刘俊彦.财务管理学（第6版）[M].北京：中国人民大学出版社，2012：50-60.

[170] 孔东民，刘莎莎，陈小林，等.个体沟通、交易行为与信息优势：基于共同基金访问的证据 [J].经济研究，2015 (11)：106-119.

[171] 黎来芳，张伟华.控制权及投资者保护对掏空风险的影响——基于融资规模的经验证据 [J].科学决策，2011 (6)：47-62.

[172] 黎文靖，李耀淘.产业政策激励了公司投资吗 [J].中国工业经济，2014 (5)：122-134.

[173] 黎文靖，潘大巍.分析师实地调研提高了信息效率吗？——基于年报市场反应的分析 [J].会计与经济研究，2018 (1)：21-39.

[174] 李隋，张腾文.产业政策有效性研究——基于公司融资视角 [J].财经科学，2015 (9)：53-63.

[175] 李祎，刘启亮，李洪.IFRS、财务分析师、机构投资者和权益资本成本——基于信息治理观视角 [J].会计研究，2016 (10)：26-33.

[176] 李广子, 刘力, 债务融资成本与民营信贷歧视 [J]. 金融研究, 2009 (12): 137-150.

[177] 李昊阳. 投资者调研与资本市场信息效率研究 [D]. 北京: 北京交通大学, 2018: 18-63.

[178] 李昊洋, 程小可, 李馨子. 投资者调研与高管薪酬契约有效性研究 [J]. 当代财经, 2017 (3): 81-90.

[179] 李昊洋, 程小可, 郑立东. 投资者调研影响创业板公司研发投入强度吗? [J]. 科技进步与对策, 2017 (3): 76-83.

[180] 李昊洋, 程小可. 投资者调研提升了资本市场定价效率吗——基于会计信息价值相关性的研究 [J]. 金融经济学研究, 2017 (1): 99-110.

[181] 李昊洋, 程小可. 投资者调研与创业板公司研发资本化选择 [J]. 财贸研究, 2018 (3): 90-99.

[182] 李汇东, 唐跃军, 左晶晶. 用自己的钱还是用别人的钱创新?——基于中国上市公司融资结构与公司创新的研究 [J]. 金融研究, 2013 (2): 170-183.

[183] 李慧云, 刘镝. 市场化进程、自愿性信息披露和权益资本成本 [J]. 会计研究, 2016 (1): 71-78.

[184] 李翔, 周梦雅, 黄建藩. 交通便利度、分析师实地调研与股价同步性 [J]. 科学决策, 2021 (10): 54-64.

[185] 李昕潼, 池国华. EVA 考核对企业融资结构的影响研究 [J]. 科学决策, 2018 (1): 75-94.

[186] 李增福, 李娟. 税率变动与资本结构调整——基于 2007 年新企业所得税法实施的研究 [J]. 经济科学, 2011 (5): 57-69.

[187] 李哲, 黄静, 孙健. 突破式创新对分析师行为的影响——基于上市公司专利分类和引证数据的证据 [J]. 经济管理, 2021, 43 (5): 192-208.

[188] 李争光, 曹丰, 赵西卜. 机构投资者异质性、会计稳健性与股权融资成本——来自中国上市公司的经验证据 [J]. 管理评论, 2016 (7): 42-52.

[189] 李政大, 李凤, 赵雅婷. 环境信息披露的融资效应——来自重污染企业的证据 [J]. 审计与经济研究, 2024, 39 (1): 117-127.

[190] 李志辉, 杨思静, 孟焰. 独立董事兼任: 声誉抑或忙碌——基于

债券市场的经验证据［J］.审计研究，2017（5）：96-103.

［191］李志军，王善平.货币政策、信息披露质量与公司债务融资［J］.会计研究，2011（10）：56-62+97.

［192］梁亚松，钟田丽，胡彦斌.产品多元化战略与融资结构决策：理论模型与实证检验［J］.管理评论，2016（4）：178-185.

［193］廖明情，孙继欣，邓路.社会关系在分析师调研过程中的作用——基于利益冲突和信息优势的视角［J］.南开管理评论，2021（1）：148-158.

［194］林斌，辛清泉，杨德明，等.投资者关系管理及其影响因素分析——基于深圳上市公司的实证检验［J］.会计研究，2005（9）：32-38+95.

［195］林乐，谢德仁.投资者会听话听音吗？——基于管理层语调视角的实证研究［J］.财经研究，2016（7）：28-39.

［196］林晚发，钟辉勇，李青原.高管任职经历的得与失？——来自债券市场的经验证据［J］.金融研究，2018（6）：171-188.

［197］林小玲，张凯.企业所得税减免、融资结构与全要素生产率——基于2012—2016年全国税收调查数据的实证研究［J］.当代财经，2019（4）：27-38.

［198］林毅夫，李志赟.政策性负担、道德风险与预算软约束［J］.经济研究，2004（2）：17-27.

［199］林钟高，丁茂桓.内部控制缺陷及其修复对企业债务融资成本的影响——基于内部控制监管制度变迁视角的实证研究［J］.会计研究，2017（4）：73-80+96.

［200］林钟高，郑军，卜继栓.环境不确定性、多元化经营与资本成本［J］.会计研究，2015（2）：36-43.

［201］刘慧，张俊瑞，周键.诉讼风险、法律环境与企业债务融资成本［J］.南开管理评论，2016（5）：16-27.

［202］刘柳，屈小娥.互联网金融改善了社会融资结构吗？——基于企业融资选择模型［J］.财经论丛，2017（3）：38-48.

［203］刘洋，李星汉.承销商分析师利益冲突与定向增发［J］.商业研究，2015（1）：53-61.

［204］刘柏，琚涛.会计稳健性与公司融资方式选择：外源融资视角

[J].管理科学，2020，33（5）：126-140.

[205]刘会芹，施先旺.企业战略差异对分析师行为的影响［J］.山西财经大学学报，2018（1）：112-123.

[206]刘行，赵健宇，叶康涛.企业避税、债务融资与债务融资来源——基于所得税征管体制改革的断点回归分析［J］.管理世界，2017，（10）：113-129.

[207]刘志彪，姜付秀，卢二坡.资本结构与产品市场竞争强度［J］.经济研究，2003（7）：60-67.

[208]刘智宇，郭范勇，张云.投资者实地调研能降低股价同步性吗［J］.财经科学，2022（12）：34-49.

[209]卢文彬，官峰，张佩佩，等.媒体曝光度、信息披露环境与权益资本成本［J］.会计研究，2014（12）：66-71.

[210]陆正飞，姜国华，等.财务会计与资本市场实证研究：重点文献导读（第二版）［M］.北京：中国人民大学出版社，2013.

[211]陆正飞，叶康涛.中国上市公司股权融资偏好解析——偏好股权融资就是缘于融资成本低吗？［J］.经济研究，2004（4）：50-59.

[212]吕怀立，钟宇翔，林艳艳.公募债券融资、关系型承销与会计稳健性［J］.预测，2016（2）：29-36.

[213]罗琦，罗洪鑫.风险资本的"价值增值"功能分析——基于网络信息披露的视角［J］.南开管理评论，2018（1）：63-74.

[214]罗琦，王悦歌.真实盈余管理与权益资本成本——基于公司成长性差异的分析［J］.金融研究，2015（5）：178-191.

[215]罗拥华，刘思源.分析师关注对企业避税的影响研究——一个有调节的中介效应模型［J］.北京联合大学学报（人文社会科学版），2024，22（2）：48-59.

[216]马宝君，宋逸兴，陈怿，等.社会责任报告美观度对企业债务融资成本的影响研究［J］.管理学报，2022，19（12）：1855-1862+1873.

[217]马黎珺，吴雅倩，伊志宏，刘嫣然.分析师报告的逻辑性特征研究：问题、成因与经济后果［J］.管理世界，2022（8）：217-234.

[218]马文超，胡思玥.货币政策、信贷渠道与资本结构［J］.会计研究，2012（11）：39-48+94-95.

[219]毛洪涛，邓博夫，吉利.证券投资基金持股可以降低股权资本成

本吗？——来自中国 A 股上市公司的经验证据［J］. 投资研究，2013（11）：121-137.

［220］毛新述，叶康涛，张頔.上市公司权益资本成本的测度与评价［J］. 会计研究，2012（11）：12-22.

［221］南晓莉.自主配售制度下承销商——基金公司利益输送的实证研究［J］. 中国软科学，2018（7）：159-169.

［222］潘越，戴亦一，刘思超.我国承销商利用分析师报告托市了吗？［J］. 经济研究，2011（3）：131-144.

［223］潘越，戴亦一.关系、声誉与再融资承销竞争［J］. 厦门大学学报（哲学社会科学版），2013（3）：41-49.

［224］钱明，徐光华，沈弋.社会责任信息披露、会计稳健性与融资约束——基于产权异质性的视角［J］. 会计研究，2016（5）：9-17.

［225］乔治·A. 阿克洛夫.现实主义经济学之路［M］. 北京：中国人民大学出版社，2012.

［226］权小锋，吴世农.投资者注意力、应计误定价与盈余操纵［J］. 会计研究，2012（6）：46-53+93.

［227］饶育蕾，盛虎.行为金融学［M］. 北京：机械工业出版社，2010.

［228］申明浩，傅瑜.法律环境、所有权与融资规模——基于中国民营上市公司的实证研究［J］. 金融评论，2011（1）：115-122+126.

［229］申香华.银行风险识别、政府财政补贴与企业债务融资成本——基于沪深两市 2007—2012 年公司数据的实证检验［J］. 财贸经济，2014（9）：62-71.

［230］沈红波，寇宏，张川.金融发展、融资约束与企业投资的实证研究［J］. 中国工业经济，2010（6）：55-64.

［231］沈艺峰，肖珉，黄娟娟.中小投资者法律保护与公司股权资本成本［J］. 经济研究，2005（6）：115-124.

［232］沈艺峰，肖珉，林涛.投资者保护与上市公司资本结构［J］. 经济研究，2009（7）：131-142.

［233］盛丹，王永进.产业集聚、信贷资源配置效率与企业的融资成本——来自世界银行调查数据和中国工业企业数据的证据［J］. 管理世界，2013（6）：85-98.

［234］施先旺，李志刚，刘拯.分析师预测与上市公司审计收费研

究——基于信息不对称理论的视角［J］.审计与经济研究，2015（3）：31-37.

［235］施先旺，李钻.声誉机制、机构投资者佣金分仓与分析师评级［J］.经济经纬，2017（2）：153-157.

［236］苏冬蔚，曾海舰.宏观经济因素、企业家信心与公司融资选择［J］.金融研究，2011（4）：129-142.

［237］孙多娇，杨有红.公司治理结构和分析师预测对隐含资本成本影响及实证研究［J］.中国软科学，2018（7）：170-180.

［238］谭劲松，林雨晨.机构投资者对信息披露的治理效应——基于机构调研行为的证据［J］.南开管理评论，2016（5）：115-126+138.

［239］谭松涛，阚铄，崔小勇.互联网沟通能够改善市场信息效率吗？——基于深交所"互动易"网络平台的研究［J］.金融研究，2016（3）：174-188.

［240］唐松莲，李君如，卢婧.实地调研类型、信息优势与基金超额收益［J］.会计与经济研究，2017（1）：43-64.

［241］唐逸舟，王婧文，王姝晶.资本市场开放与企业债券融资成本——来自沪深港通的经验证据［J］.证券市场导报，2020（7）：52-60.

［242］田轩，赵文庆，赵海龙.分析师现场调研与企业创新［R］.工作论文，2017.

［243］田彩英.上市公司融资行为的资本成本敏感性研究［D］.北京：首都经济贸易大学，2013：86-96.

［244］涂建明，曹雅琪.机构投资者实地调研与上市公司财务信息质量［J］.金融论坛，2021，26（3）：71-80.

［245］万晓文，李明望，王秀.基于财务视角的投资者关系管理研究评述与启示［J］.会计研究，2010（9）：78-83.

［246］汪弘，罗党论，林东杰.行业分析师的研究报告对投资决策有用吗？——来自中国 A 股上市公司的经验证据［J］.证券市场导报，2013（7）：36-43.

［247］汪强，吴世农.公司治理是如何影响资本结构的——基于我国上市公司的实证研究［J］.经济管理，2007（12）：4-13.

［248］汪炜，蒋高峰.信息披露、透明度与资本成本［J］.经济研究，2004（7）：107-114.

[249] 王珊.投资者实地调研发挥了治理功能吗？——基于盈余管理视角的考察 [J].经济管理，2017（9）：180-194.

[250] 王馨.互联网金融助解"长尾"小微企业融资难问题研究 [J].金融研究，2015（9）：128-139.

[251] 王华杰，王克敏.应计操纵与年报文本信息语气操纵研究 [J].会计研究，2018（4）：45-51.

[252] 王化成，张修平，侯粲然，等.企业战略差异与权益资本成本——基于经营风险和信息不对称的中介效应研究 [J].中国软科学，2017（9）：99-113.

[253] 王明伟，张琳，孙文晶.投资者关注与分析师预测精度 [J].中国经济问题，2017（2）：80-92.

[254] 三生年，牛慧君.机构投资者调研降低了债券违约风险吗？[J].投资研究，2021，40（3）：95-112.

[255] 王曙光.互联网金融的哲学 [J].中共中央党校学报，2013（6）：53-59.

[256] 王孝钰，高琪，邹汝康，等.商帮文化对企业融资行为的影响研究 [J].会计研究，2022（4）：168-178.

[257] 王雄元，高曦.年报风险披露与权益资本成本 [J].金融研究，2018（1）：174-190.

[258] 王亚男，戴文涛.机构投资者实地调研促进了内部控制缺陷选择性披露吗？[J].哈尔滨商业大学学报（社会科学版），2021（5）：31-49.

[259] 王艳艳，于李胜，安然.非财务信息披露是否能够改善资本市场信息环境？——基于社会责任报告披露的研究 [J].金融研究，2014（8）：178-191.

[260] 王运通，姜付秀.多个大股东能否降低公司债务融资成本 [J].世界经济，2017（10）：119-143.

[261] 魏萍，魏明海，蔡贵龙.分析师实地调研对象的策略性选择与私有信息获取 [J].会计研究，2023（12）：30-45.

[262] 魏志华，王贞洁，吴育辉，等.金融生态环境、审计意见与债务融资成本 [J].审计研究，2012（3）：98-105.

[263] 吴秋生，黄贤环.财务公司的职能配置与集团成员上市公司融资约束缓解 [J].中国工业经济，2017（9）：156-173.

［264］吴战篪，吴伟立.大股东减持伤害了实体经济吗［J］.南开管理评论，2018（1）：99-108.

［265］夏雪，徐莉萍，辛宇.信息披露监管与分析师信息环境［J］.重庆社会科学，2023（9）：6-25.

［266］肖翔，张靖，权忠光.投资者调研影响上市公司商业信用融资研究——基于深市A股上市公司的实证［J］.财经理论与实践，2018（6）：90-97.

［267］肖斌卿，彭毅，方立兵，等.上市公司调研对投资决策有用吗？——基于分析师调研报告的实证研究［J］.南开管理评论，2017，20（1）：119-131.

［268］肖斌卿，伊晓奕，刘海飞.分析师跟进行为对上市公司资本成本的影响——来自中国证券市场的经验证据［J］.南京师范大学学报（社会科学版），2010（5）：42-51.

［269］肖松，赵峰.法律、投资者保护与权益资本成本［J］.经济与管理研究，2010（5）：19-23.

［270］肖争艳，陈惟.货币政策、利率传导与中小企业融资成本——基于实际融资成本的实证研究［J］.经济评论，2017（5）：79-89.

［271］肖作平，廖理.终极控制股东、法律环境与融资结构选择［J］.管理科学学报，2012（9）：84-96.

［272］肖作平，周嘉嘉.制度环境和股权资本成本——来自中国省际数据的比较研究［J］.证券市场导报，2012（8）：19-27.

［273］肖作平.大股东、法律制度和资本结构决策——来自中国上市公司的经验证据［J］.南开管理评论，2009（1）：27-39.

［274］肖作平.终极所有权结构对权益资本成本的影响——来自中国上市公司的经验证据［J］.管理科学学报，2016（1）：72-86.

［275］谢德仁，林乐.管理层语调能预示公司未来业绩吗？——基于我国上市公司年度业绩说明会的文本分析［J］.会计研究，2015（2）：20-27.

［276］徐文舸，包群.货币政策调控与融资结构变化——基于企业所有制与规模差异的研究视角［J］.金融评论，2016（1）：81-98+126.

［277］徐玉德，李挺伟，洪金明.制度环境、信息披露质量与银行债务融资约束——来自深市A股上市公司的经验证据［J］.财贸经济，2011（5）：51-57.

[278] 徐媛媛, 洪剑峭, 曹新伟. 我国上市公司特征与证券分析师实地调研 [J]. 投资研究, 2015 (1): 121-136.

[279] 许启发, 甘霖, 蒋翠侠. 信息披露可读性影响权益资本成本吗? ——来自 MD&A 文本挖掘的证据 [J]. 证券市场导报, 2022 (10): 2-13.

[280] 闫先东, 朱迪星. 货币政策与企业投融资行为: 基于最新文献的述评 [J]. 金融评论, 2018 (3): 94-111+125.

[281] 杨楠. 创业板上市公司融资结构的影响因素分析 [J]. 金融理论与实践, 2012 (12): 69-74.

[282] 杨大楷, 王佳妮, 李凡一. 证券分析师利益冲突行为的"前因"与"后果"——来自上证 A 股的经验证据 [J]. 上海经济研究, 2011 (11): 57-67.

[283] 杨德明, 辛清泉. 投资者关系与代理成本——基于上市公司的分析 [J]. 经济科学, 2006 (3): 47-60.

[284] 杨广青, 罗艳, 叶继创. 企业垂直整合战略与融资结构选择 [J]. 财经科学, 2014 (5): 94-102.

[285] 杨鸣京, 程小可, 李昊洋. 机构投资者调研、公司特征与企业创新绩效 [J]. 当代财经, 2018 (2): 84-93.

[286] 叶陈刚, 王孜, 武剑锋, 等. 外部治理、环境信息披露与股权融资成本 [J]. 南开管理评论, 2015 (5): 85-96.

[287] 伊志宏, 郭永祯, 杨圣之. 校友关系对分析师同行共享私有信息的影响研究 [J]. 管理学报, 2023, 20 (8): 1207-1215.

[288] 伊志宏, 申丹琳, 江轩宇. 基金股权关联分析师损害了股票市场信息效率吗? ——基于股价同步性的经验证据 [J]. 管理评论, 2018 (8): 3-15.

[289] 伊志宏, 杨圣之, 陈钦源. 分析师能降低股价同步性吗——基于研究报告文本分析的实证研究 [J]. 中国工业经济, 2019 (1): 156-173.

[290] 衣昭颖, 郑国坚, 马新啸. 高质量客户信息能够缓解企业融资约束吗? ——基于供应链信息传递的视角 [J]. 世界经济文汇, 2023 (5): 68-85.

[291] 尹志超, 钱龙, 吴雨. 银企关系、银行业竞争与中小企业借贷成本 [J]. 金融研究, 2015 (1): 134-149.

［292］于蔚，汪淼军，金祥荣.政治关联和融资约束：信息效应与资源效应［J］.经济研究，2012（9）：125-139.

［293］于富生，张敏.信息披露质量与债务成本——来自中国证券市场的经验证据［J］.审计与经济研究，2007（7）：93-96.

［294］余明桂，范蕊，钟慧洁.中国产业政策与企业技术创新［J］.中国工业经济，2016（12）：5-22.

［295］原红旗、黄倩茹.承销商分析师与非承销商分析师预测评级比较研究［J］.中国会计评论，2007（3）：285-303.

［296］曾颖，陆正飞.信息披露质量与股权融资成本［J］.经济研究，2006（2）：69-79.

［297］翟淑萍，甦叶，袁克丽.分析师实地调研与企业分类转移盈余管理［J］.会计与经济研究，2022，36（3）：33-53.

［298］张纯，吕伟.信息披露、市场关注与融资约束［J］.会计研究，2007（11）：32-38.

［299］张凡.金融发展、企业融资行为与融资约束缓解——基于微观结构理论的实证分析［J］.财经问题研究，2015（7）：122-128.

［300］张敏，李延喜.制度环境对融资方式选择的影响研究——基于地区差异视角的实证分析［J］.当代经济科学，2013（4）：42-52+125.

［301］张涛，姚解云.终极控股股东对民营上市公司融资结构影响研究［J］.宏观经济研究，2016（8）：97-106.

［302］张勇，殷俊明.投资者实地调研活动能够促进企业创新吗——来自深市上市公司的经验证据［J］.山西财经大学学报，2018（9）：94-109.

［303］张勇.金融发展、供应链集中度与企业债务融资成本［J］.金融论坛，2017（4）：54-67.

［304］张勇.投资者实地调研与企业会计信息可比性——来自深交所"互动易"平台的经验证据［J］.证券市场导报，2018（5）：13-22.

［305］张传财，陈汉文.产品市场竞争、产权性质与内部控制质量［J］.会计研究，2017（5）：77-84+99.

［306］张春龙.高管权力对公司财务决策的影响研究［D］.大连：大连理工大学，2017：61-70.

［307］张金清，阚细兵.银行业竞争能缓解中小企业融资约束吗？［J］.经济与管理研究，2018（4）：42-53.

［308］张金鑫，王逸.会计稳健性与公司融资约束——基于两类稳健性视角的研究［J］.会计研究，2013（9）：44-50+96.

［309］张军华.产品市场竞争、制度环境与权益资本成本［J］.山西财经大学学报，2014（4）：58-68.

［310］张丽琨，姚梅芳.会计稳健性、高管团队特征与债务成本关系研究［J］.南方经济，2016（9）：91-107.

［311］张圣利.产权特征、稳健会计政策与公司债务融资成本［J］经济与管理，2014（11）：45-51.

［312］张涛，郭潇.高管薪酬契约与融资约束研究——基于我国沪深 A 股上市公司的经验数据［J］.经济与管理评论，2018（1）：96-107.

［313］张伟华，毛新述，刘凯璇.利率市场化改革降低了上市公司债务融资成本吗？［J］.金融研究，2018（10）：106-122.

［314］张先治，晏超.会计准则变革、资本成本与企业投资行为——基于资本资产定价模型的理论分析［J］.管理评论，2018（4）：206-218

［315］张悦玫，张芳.会计稳健性、投资效率与外部融资方式的实证研究［J］.管理评论，2019（4）：175-186.

［316］赵蒲，孙爱英.财务保守行为：基于中国上市公司的实证研究［J］.管理世界，2004（11）：109-118+156.

［317］赵旭.基于生命周期理论的上市公司融资结构研究［J］.财经论丛（浙江财经学院学报），2012（2）：84-89.

［318］赵颖.投资者关系管理与资本成本——来自中国上市公司的实证证据［J］.山西财经大学学报，2010（4）：85-92.

［319］赵良玉，李增泉，刘军霞.管理层偏好、投资评级乐观性与私有信息获取［J］.管理世界，2013（4）：33-47.

［320］甄红线，王谨乐.机构投资者能够缓解融资约束吗？——基于现金价值的视角［J］.会计研究，2016（12）：51-57.

［321］郑宝红，曹丹婷.税收规避能影响企业现金持有价值吗？［J］.中国软科学，2018（3）：120-132.

［322］郑方镰.中国证券分析师行业研究：效率、行为与治理［D］.厦门：厦门大学，2009：59-69.

［323］钟芳.机构投资者实地调研能缓解企业非效率投资吗？［J］财经问题研究，2020（4）：56-65.

［324］钟田丽，胡彦斌.高技术创业企业人力资本特征对 R&D 投资与融资结构的影响［J］.科学学与科学技术管理，2014（3）：164-174.

［325］周冬华，赵玉洁.证券分析师盈余预测乐观倾向：利益关联还是启发式认知偏差？［J］.管理评论，2016（1）：205-218.

［326］周宏，周畅，林晚发，等.公司治理与企业债券信用利差——基于中国公司债券 2008—2016 年的经验证据［J］.会计研究，2018（5）：59-66.

［327］周楷唐，麻志明，吴联生.高管学术经历与公司债务融资成本［J］.经济研究，2017（7）：169-183.

［328］周业安，余晨阳，杨小静，等.国有企业的债务问题研究［J］.经济理论与经济管理，2017（6）：81-95.

［329］朱红军，何贤杰，陶林.中国的证券分析师能够提高资本市场的效率吗？——基于股价同步性和股价信息含量的经验证据［J］.金融研究，2007（2）：110-121.

［330］邹颖，李燕茹.会计稳健性、信息披露与资本成本［J］.证券市场导报，2016（7）：33-40.

后　记

回顾整个研究过程，从选题的迷茫到思路的逐渐清晰，从资料收集到数据分析，每个环节都充满了挑战与收获。分析师实地调研在企业投资者关系管理中具有不可忽视的重要性，在企业的长期发展和价值创造中发挥着积极的推动作用。为了深入了解分析师实地调研的效果，我与企业管理人员、财务人员进行了深入的交流，不仅获取了宝贵的第一手数据，更深刻地感受到企业在融资过程中所面临的种种约束和挑战。他们的困惑、期望和努力，成为我研究的动力和灵感的源泉。

在研究过程中，我也遇到了许多困难。数据的整理和分析并非一帆风顺，理论与实际的结合也需要不断地思考和摸索。然而，正是这些困难让我学会了坚持，让我不断地寻求解决问题的方法。在此，我要衷心感谢我的导师翟淑萍。从本书的选题、框架的构建到内容的完善，导师给予了我悉心的指导和严格的要求。导师渊博的知识、严谨的治学态度和无私的奉献精神，深深地感染和激励着我，使我在学术道路上不断成长。

同时，我要感谢参与调研的企业和相关人员，他们的热情接待和积极配合为我的研究提供了有力的支持。感谢我的同学、同事在研究过程中与我交流探讨，给予我宝贵的建议和鼓励。

此外，我还要感谢我的家人和朋友，他们在我忙碌的研究期间给予了我理解、关心和支持，让我能够全身心地投入到研究工作中。通过这次研究，我不仅在学术上取得了一定的成果，更重要的是，我学会了如何独立思考、如何解决问题、如何与人合作。这将是我人生中一笔宝贵的财富，为我未来的学习和工作打下坚实的基础。

然而，我深知本书还存在诸多不足之处。企业融资约束是一个复杂且动态的问题，我的研究只是一个初步的探索。在未来的学习和研究中，我将继续关注这一领域，不断完善自己的研究方法和理论体系，为解决企业融资难题贡献自己的一份力量。

袁克丽

2024 年 7 月 12 日